Ulrike Dietmann

LIEBEN UND FREI SEIN

Die Zukunft unserer Beziehungen

Workshopbuch zur
Selbsterfahrung

spiritbooks

© 2016 spiritbooks, 70178 Stuttgart
Verlag: spiritbooks, www.spiritbooks.de
Autor: Ulrike Dietmann
Buchsatz/eBook-Erstellung: PCS Books, www.pcs-books.de
Covergestaltung: OOOGrafik, www.ooografik.de
Künstlerische Gestaltung: PCS Books / OOOGrafik
Coverfoto/Kapitelgrafiken: Andrea Danti © www.shutterstock.com;
Flying birds in heart shape with birdcage © beaubelle, www.fotolia.de;
Vector hearts set © iktash2, www.fotolia.de
Autorenporträt: Gülay Keskin
Druck und Verlagsdienstleister: www.tredition.de
Printed in Germany

ISBN: 978-3-946435-42-6
1. Auflage

Die in diesem Buch vorgestellten Techniken und Methoden der Persönlichkeitsentwicklung sind in der Praxis erfolgreich erprobt. Der Verlag und die Autorin übernehmen jedoch keine Haftung für die individuelle Anwendung und deren mögliche Konsequenzen.

Für **TINNIA**,

die Lehrerin der Liebe

„Glaubst du, ich weiß, was ich tue?
Dass ich einen Atemzug lang
oder einen halben mir selber angehöre?
Nicht mehr, als eine Feder weiß,
was sie schreibt,
oder der Ball vermuten kann,
wohin er gleich fliegt."

Rumi

INHALTSVERZEICHNIS

Herzlich willkommen

zur Schule deines Herzens. Herzlich willkommen zu deiner Reise in das Paradies der Liebe.

Ich freue mich riesig darauf, dich durch die 23 Lektionen zu begleiten. Die Liebe hat mir das Leben gerettet, das kann ich aus ganzem Herzen sagen. Vielleicht muss dein Leben nicht gerettet werden, vielleicht willst du einfach wachsen, in deiner Kraft zu lieben, vielleicht möchtest du eine neue, freiere Form zu lieben, kennenlernen. Was auch immer dich zu diesem Buch geführt hat, es ist für mich die größte Erfüllung, das Tor zur Liebe für dich zu öffnen und deine Wegbegleiterin zu sein. Denn ich weiß, dass die Liebe das Unmögliche möglich machen kann und dass ihre Kraft alles bewegt.

Frei sein und lieben – Eine neue Form der Liebe

Vieles, dem du hier begegnen wirst, wird für dich vielleicht neu sein. In diesem Buch wirst du der Liebe in ihrer reinen Essenz begegnen. Nicht in den emotionalen Schleifen und dem Sklaventum, das uns als sogenannte Liebe schmackhaft gemacht wird. Du lernst hier nicht noch ein neues, garantiert erfolgreiches Rezept für glückliche Beziehungen. Du musst hier nichts! Du darfst hier alles!

Ich bin tief überzeugt, dass nur die Liebe unser Überleben als Menschheit retten kann. Ich schreibe dieses Buch, weil es mein tiefstes Anliegen ist, der Antrieb für alles, was ich tue: eine Botschafterin der Liebe zu sein. Der Liebe die Freiheit wiederzugeben, die sie braucht. Dass wir sie nicht länger festhalten, weil wir glauben, dass Liebe und Freiheit nicht zusammen gehen. Ich beobachte, dass diese neuen Beziehungsformen gerade überall entstehen. Das ist unsere Chance, der Liebe in ihrer Essenz zu begegnen, bevor sie zur Form wird. Darum geht es: Nicht an den Formen hängen zu bleiben, sondern zur Quelle zu gehen und uns zu erfrischen.

Deine Reise, dein Weg

Ich möchte mit diesem Buch nicht nur neue Visionen an den Himmel malen. Ich möchte, dass etwas passiert, dass sich die Dinge ändern. Deshalb lade ich dich ein in eine ganz konkrete Schule der Liebe. Mit Prüfungen. Prüfungen deines Herzens. Denn das ist die Art, wie unser Herz wächst: durch die Prüfungen der Liebe.

Vor dir liegen 23 Etappen, 23 Stationen auf deinem Weg in deine Herzenskraft. In jeder Etappe werde ich dir, im Namen der Liebe, Fragen stellen. Die Liebe kannst du nämlich nur kennenlernen in dir selbst. Auch wenn es nur eine Liebe gibt, erscheint sie doch in jedem Wesen anders und vollkommen einzigartig. Wenn du die Aufgaben mit ganzem Herzen löst, wirst du reich belohnt werden. Es gibt keine größere Lehrerin als die Liebe und du wirst sie finden, die Liebe. Sie wird dir antworten. Dir, ganz persönlich – auf eine Weise, die du dir jetzt noch nicht vorstellen kannst. Denn das ist ihre herausragendste Eigenschaft: Sie überrascht uns stets aufs Neue. Sie vollbringt Wunder. Immer neue Wunder.

Warum das so ist? Die Liebe ist einfach viel größer als wir und wenn wir in ihre Größe hineinwachsen, staunen wir, wie groß sie wirklich ist. Wenn wir lernen zu staunen, dann geschehen Wunder.

In welchem Tempo du die Lektionen erarbeiten willst, ist dir überlassen. Manche Menschen lassen die Dinge gern auf sich wirken und nehmen sich Zeit, andere haben einen großen Erfahrungsdurst und lieben die Geschwindigkeit. Lass dich führen vom Gefühl der Liebe. Die Liebe ist dein Kompass.

Das wünsche ich mir für dich: Dass du lernst, immer mehr zu lieben, dass du die Schönheit der Liebe immer besser kennenlernst, dass du in allem auf die Liebe vertraust und dich von ihr leiten lässt. Liebe ist der Schlüssel zu Heilung, zu Gesundheit, zu Reichtum, zu Glück, zu Erfolg. Ganz einfach. Ja, es wirklich ganz einfach, das ist eine der Überraschungen, die die Liebe für dich bereithält.

Du gehst jetzt in die Schule der Liebe

Du bist jetzt eine Schülerin, ein Schüler. Um gut zu lernen, hilft es dir sehr, deine Gedanken und Gefühle, deine Lernerfahrungen aufzuschreiben. Dann stehen sie da, Wort für Wort, sie kreisen nicht länger in deinem Kopf oder beklemmen dein Herz. Du kannst sie nachlesen und hast vollkommene Klarheit: Das ist es, was ich fühle, das bin ich: schwarz auf weiß, oder rosa auf lila.

Deshalb bevor du anfängst: Besorge dir ein Notizbuch, eines, das zu dir passt. Mit einem Porsche vorne drauf oder einer Feenkönigin oder einem Foto von deinem oder deiner Geliebten (die vielleicht ein Pferd ist). Was du hier schreibst, ist nur für dich. Du wirst staunen, wenn du bemerkst, dass das, was du schreibst, plötzlich in deinem Leben passiert. Dann beginnen die Wunder.

Gute Reise mit der Liebe, der Kraft, die alles bewegt. Das wünsche ich dir von Herzen

Ulrike

WER BIST DU
LIEBENDE / LIEBENDER?

DU WIRST GELIEBT

Ich kann mir vorstellen, dass du schon einmal an einem Punkt in deinem Leben gewesen bist, wo dir der Satz „Du wirst geliebt" wie der größte Hohn deines Lebens vorgekommen bist. Vielleicht bist du gerade verlassen worden oder fühlst dich belogen, betrogen, hereingelegt, ignoriert, ausgenutzt oder jemand ist wie der Terminator über deine Gefühle hinweg getrampelt.

Du hast dir gesagt: „Niemand liebt mich, nicht einmal meine Mutter, nicht einmal Gott, nicht einmal mein Hamster!" Und: „Eines schwöre ich: Ich werde nie wieder lieben!"

Bleiben wir realistisch:
Deine Mutter ist auch nur ein Mensch. Sie kann den Mann oder die Frau, die dein Herz gebrochen haben

nicht zurückholen oder den Geschäftspartner, von dem du dich so übel betrogen fühlst, umstimmen.

Gott, sofern für dich etwas Spirituelles eine Bedeutung hat, kann auch nicht vom Himmel herabsteigen und die Dinge so einrichten, wie du sie dir zu Weihnachten gewünscht hast.

Und dein Hamster? Hat er überhaupt Gefühle? Oder will er nur Futter von dir? Das fragst du dich wahrscheinlich in diesem Moment.

Wenn wir den Glauben an die Liebe gerade so richtig verloren haben, hilft gar nichts mehr. Auch die liebsten Menschen und die süßesten Worte, die uns trösten sollen, sind Schall und Rauch. Die Liebe, darüber sind wir uns jetzt absolut sicher, ist eine reine Illusion. Nie wieder fallen wir darauf rein! Ab sofort wird mit härteren Bandagen gekämpft.

Hier kommt die erste und wichtigste Lektion der Liebe:

Die Liebe ist größer als du!

Die Liebe ist größer als du und ich, als deine Mutter, dein Hamster und dein verlorener Liebhaber. Zu glauben, du hättest die Liebe verloren, weil eine Beziehung nicht mehr funktioniert, ist, als würdest du glauben, dass die Sonne aufhört zu scheinen, weil du das Licht ausgemacht hast. Auch wenn du das

Licht ausgemacht hast: Die Liebe geht morgen wieder auf.

Auch wenn du den Glauben an die Liebe verloren hast: Die Liebe hat noch lange nicht den Glauben an dich verloren!

Die Liebe ist größer als du. Und sie ist, wie die Sonne, immer da. Sie kann nicht verloren gehen, sie hört nicht auf zu strahlen und es wird dir nie gelingen, sie auszuknipsen! Ich finde, das ist eine absolut beruhigende Nachricht. In einem Zustand, in dem alles unterzugehen scheint, gibt es eine einzige Sicherheit: die Liebe ist unsterblich. Wenn dich alle Welt verlässt, die Liebe verlässt dich nicht. Sie ist immer für dich da.

Ein Tipp von der Liebe: **Gib den Versuch auf, stärker zu sein als sie. Relax dich einfach und freue dich auf ihre nächste Überraschung.**

Wir machen die Liebe abhängig von Umständen, von Menschen, von Orten, von Lebensstilen. Wir glauben, dass wir nur diesen einen Menschen, nur diesen einen Ort, nur diesen einen Job lieben können. Wir verkleinern die Liebe. Wir vergessen, dass die Liebe größer ist als die Sonne, und auf alle Fälle größer als unsere Nachttischlampe.

Die Liebe ist unabhängig von Form. Die Liebe ist Energie.

Sie kann sich in vielen Formen zeigen und darin liegt ihre Schönheit. Alles, was wir so sehr lieben, den Sonnenuntergang über dem Meer, unseren Cappuccino, das Lachen unserer Freunde, ist Ausdruck der Liebe. Wir müssen nur die Verhältnisse im Blick behalten: Wir dürfen nicht die Schöpfung mit dem Schöpfer verwechseln, also den Koch mit dem Essen. Wenn wir noch einmal dieses unvergleichliche Gemüsecurry mit Zitronengras essen wollen, müssen wir uns an den Koch wenden. Es reicht nicht, die Zutaten einzukaufen. Wenn wir die Liebe mit der Form verwechseln, in der sie sich zeigt, sitzen wir in einem selbst gemachten Gefängnis. Wenn wir uns an der Form festhalten, schneiden wir uns von der Liebe ab. Wir sperren sie ein in viel zu enge Räume. Wir machen die Fensterläden zu und sie kann nur noch durch die Ritzen hereinkommen.

Herzenskraft zu entwickeln bedeutet, die Liebe zu fühlen als eine Kraft, die in allem lebt, unabhängig von den Umständen.

Herzenskraft bedeutet zu fühlen, dass du Liebe bist und dass alles um dich herum Liebe ist. Herzenskraft bedeutet zu fühlen, dass du liebst und dass du geliebt wirst, immer und unabhängig von äußeren Umständen. Alles andere ist Illusion und macht uns unglücklich.

Nichts prägt uns so sehr wie die Liebe.

Wir alle haben schon einmal etwas geliebt und verloren, unser Kaninchen, einen geliebten Menschen oder ein Spielzeug. Wir alle kennen das Gefühl von Traurigkeit, Verzweiflung, Wut und Angst. Jedes Mal sind wir von Neuem überrascht, wie stark diese Gefühle sind. Jedes Mal entwickeln wir noch effektivere Strategien, um diese Gefühle zu beherrschen, sie zu ignorieren oder ihnen auszuweichen. Wir lernen die Liebe kennen als ein Wechselbad von Glück und Schmerz.

Während wir alle diese Erfahrungen machen, passiert noch etwas anderes. Während wir tapfer und entschlossen mit allen Mitteln versuchen, die Kontrolle über den Schmerz zu gewinnen, spürt ein Teil von uns, dass das nicht möglich ist. Und mitten im tiefsten Schmerz, wenn wir unser Kaninchen unter einem Rosenstrauch begraben, spüren wir, dass dieser Schmerz immer ein Teil von uns sein wird.

Wir spüren, dass der Tod unseres Kaninchens ein Teil unserer Lebensgeschichte sein wird. Die Liebe zu unserem Opa, oder die große Liebe unseres Lebens, die zerbrochen ist, die kann man nicht vergessen. Die Geschichte unseres Herzens: Wir können sie nicht vergessen. Es ist unsere persönlichste und stärkste Geschichte. Und so sehr sie wehtut, so sehr fühlen wir darin die ganze Kraft der Liebe.

Darum ist die Liebe der Turbotransformator auf dem Planeten Erde: Im größten Schmerz fühlen wir die Liebe am intensivsten. Im Schmerz verwandelt sie uns.

Wir fühlen, dass die Liebe eine Kraft ist, die zu uns gehört, die aber zugleich größer ist als wir. Sie kommt aus einer tieferen Quelle, manchmal wie ein Schock, manchmal wie eine Überraschung, wie etwas, dem wir nicht standhalten können oder etwas, dem wir uns hingeben wollen, das uns mit großer Kraft erfüllt und Dankbarkeit.

Die Liebe ist größer als wir und darin liegt unser Glück.

Unser Glück ist, dass sie unerschütterlich ist und immer da, dass unsere menschlichen Zweifel und Kontrollversuche ihr nichts anhaben können. Unser Glück ist, dass wir immer geliebt werden, auch wenn wir allen Glauben an die Liebe verloren haben.

Und unser Glück ist, dass wir keine Macht über die Liebe haben, dass wir ihr ausgeliefert sind, dass wir alles akzeptieren müssen, was sie mit unserem Herzen anstellt.

Unser Glück ist, dass die Liebe unsere große Lehrmeisterin ist.

Das ist die Wahrheit über die Liebe:

Unser Leben wird von nichts so sehr geprägt wie von der Liebe. Von einer Kraft, auf die wir keinen Einfluss haben. Das ist unsere Befreiung, unsere Heilung, unser Trost. Wir können uns auf die Liebe verlassen.

Wir können die Liebe nicht kontrollieren, aber wir können lernen, mit ihr umzugehen. Mehr noch: Wir können lernen, das zu sein, was wir im Grunde unseres Wesens sind: Wir sind Liebe.

Deshalb ist es oft so, dass das, was wir für unser größtes Unglück halten unser größtes Glück ist. Im Unglück, in der Verzweiflung, lernen wir, mit etwas umzugehen, das größer ist als wir. Wir lernen, dass etwas uns trägt. Wir lernen, dass wir geliebt werden und dass wir lieben.

Vielleicht sagst du jetzt, das ist mir alles zu weit weg, zu theoretisch, zu abstrakt. Ich fühle das nicht. Was ich fühle, ist, dass Thomas mich verlassen hat und Annette gemein zu mir war.

Du bist nicht verliebt in Thomas – und Annette war nicht gemein zu dir.

Du wirst nicht enttäuscht von Thomas oder Annette. Du bist verliebt in die Liebe und die Liebe lehrt dich, zu lieben. Das ist die ganze Geschichte.

Deine 1. Aufgabe

Du hast sicher einen Grund, warum du dieses Buch gewählt hast, warum du lernen willst zu lieben. Hier fängt das praktische Lernen für dich an. Die Liebe ist zwar eine große, geheimnisvolle Macht, aber sie hat auch eine sehr praktische Seite. Wolkige Gedanken und heiße Versprechungen beeindrucken die Liebe nicht. Genau genommen ist die Liebe die härteste Schule, die du auf dem Planeten Erde antreffen wirst.

Jeder Mensch steckt in einer Liebesgeschichte. Wo ist deine? Und wo steckt deine Geschichte mit der Liebe, jetzt, momentan?

Nimm dein Notizbuch und stell dir vor, du würdest deiner besten Freundin, deinem Therapeuten oder deinem Hund dein Herz ausschütten. Was betrübt dich gerade in Liebessachen? Oder was macht dich gerade megaglücklich? Wenn dir aktuell nichts einfällt, schau auf dein bisheriges Leben zurück:

Ja! Wo und wann hat die Liebe dich richtig-richtig zertrümmert? Oder was hat sie Großartiges angestellt, wo hat sie dich komplett umgehauen?

Schreibe etwas auf wie: „Fabian ist der einzige Mensch, der in meine Seele blicken kann, so sehr wie ich es selbst nicht einmal kann – aber warum läuft er Saskia hinterher? Diese Welt ist vollkommen abgefuckt und ich will da wirklich nicht länger mitmachen".

Oder: „Nachdem meine Frau die irdische Dimension verlassen hat, habe ich endlich begriffen, dass die Liebe unendlich ist. Eleonore ist mir jetzt noch viel näher als zuvor. Ich empfinde nichts als reine Dankbarkeit, auch wenn viele Menschen das nicht versehen."

Diese Beispiele sollen dich animieren, deine ganz persönliche Geschichte und deine ganz persönliche Sprache der Liebe zu finden. Die Liebe ist etwas ganz Persönliches. Es gibt nichts Persönlicheres als die Liebe. Wenn dir deine Gedanken und Gefühle komisch oder peinlich oder verrückt vorkommen, dann ist das gut! Die Liebe ist größer als unsere Alltags-Sprache. Wir müssen eigene Worte finden für sie. Jede und jeder von uns muss seine eigenen Worte finden, denn da finden wir die Liebe: im Eigenen.

Wenn du jetzt die Mega-Blockade nahen fühlst, atme tief durch. Das ist etwas Gutes! Dann bist du der Liebe schon etwas näher gekommen. Du hast das sicher schon erlebt: Du bist jemandem begegnet, der dir die Sprache verschlagen hat. Du bist der Liebe begegnet! Die Liebe macht uns sprachlos. Versuche jetzt trotzdem, Worte zu finden, egal, wie merkwürdig sie dir erscheinen.

Mindestens 10! Nach oben unbegrenzt.

Schreibe viel oder wenig, beides ist gut. 20 richtig

starke Worte können mehr sein als ein Roman. Wenn dir das Romanschreiben liegt – genauso gut. Es ist eine Frage des Typs.

Nimm jetzt einen Stift und schreibe in das Buch, in dein Tagebuch oder in dein Laptop. Wie auch immer, halte inne und schreibe!

♡

_____

_____

_____

_____

_____

Lies nicht weiter, wenn du die Schreibaufgabe nicht gelöst hast! Betrüge dich nicht selbst. Betrüge die Liebe nicht.

Wenn du keine 10 Worte für die Liebe übrig hast, hat sie auch nicht viel für dich übrig.

So einfach ist das.
   Wenn dir das Schreiben überhaupt nicht behagt, kannst du auch etwas anderes für die Liebe tun:

etwas malen oder jemandem ein Geschenk machen, im Bewusstsein, dass du es der Liebe schenkst. Tue es jetzt!

Wenn du die Aufgabe nicht bearbeitet hast, lies nicht weiter und bearbeite sie!

Vielen Dank! Du hast den ersten Schritt gewagt. Du bist jetzt gerade in die Hall of Fame (die Halle des Ruhms) der Heldinnen und Helden der Liebe aufgenommen worden. Ich meine damit die Turnhalle, in der sich am Anfang alle versammeln, die sich auf den Weg zur echten, wahren Liebe machen wollen. Du weißt schon, da wo es nach Schweiß riecht und wo man sich ernsthaft anstrengen muss. Da, wo man anfängt, wenn man zur Goldmedaille will. Da, wo man ganz banal Kniebeugen machen muss oder 10 Worte aufschreiben.

Willkommen! Du bist hier unterwegs mit einigen Milliarden anderer Erdenbürger, die sich auf dem abenteuerlichen Weg zur Liebe befinden, vom Neugeborenen zum Sterbenden, vom Eskimo zum CEO.

Okay, das hier gehört noch zur 1. Aufgabe:
Ich möchte dich jetzt bitten, dich vorzustellen. Auf eine andere Art, als du es bisher kennst. Wir wollen zwar deinen Namen wissen, aber dein Beruf, dein Bankkonto, dein Bildungsstand und deine Besitztümer interessieren uns nicht. Wir sind neugierig, wie es

in deinem Herzen aussieht. Was weißt du über die Liebe? Was hast du mit der Liebe erlebt?

„Hallo, ich heiße Barbara, 3 Mal verheiratet, 3 Mal geschieden. 4 Hunde. Tiere haben mich die Liebe gelehrt. Ich hoffe immer noch, dass ich sie auch unter den Menschen finde."

Oder: „Hallo, ich bin Elisa. Ich war noch nie verliebt, außer in Orlando Bloom. Ich würde mich so wahnsinnig gern verlieben, aber es passiert einfach nicht."

Oder: „Hallo, ich bin Tobias. Ich stehe auf blonde, kurvige Mädels, aber ich weiß nicht, ob das Liebe ist. Es macht auf alle Fälle Spaß."

Oder: „Hallo, ich bin Walter, was die Liebe angeht, habe ich viel Dramatisches erlebt. Ich gerate einfach immer wieder in katastrophale Beziehungen, aber irgendwie gibt mir das auch etwas. Die Liebe ist das große Rätsel!"

Bitte stehe jetzt auf, ja, aufstehen und frei sprechen, auch wenn du allein bist. Schau aus dem Fenster oder such dir einen Ort, den du magst in deinem Zuhause. Stell dir vor, du sprichst zu all den Menschen, mit denen du diesen Planeten teilst. Stell dir vor, du wirst durch dein Sprechen ein Teil von ihnen. Du bist eine oder einer der Milliarden Menschen, die hier sind, um die Liebe zu erfahren. Du bist eines der Milliarden Gesichter der Liebe, eine der unzähligen Facetten, in denen sie sich zeigt. Und indem du sie zeigst, lässt du sie lebendig werden. Dies ist eine Übung. Später, wenn du andere triffst, wirst du Worte oder Gesten oder Taten finden, mit denen du deine Art zu lieben ausdrückst. Mit dieser Übung fängst du an. Lege das Buch jetzt zur Seite. Steh auf, sprich und stelle dich vor. Werde ein Teil der großen Gemeinschaft.

Vielen Dank! Das war wunderbar! Wenn du die Aufgabe wirklich gemacht hast, dann bist jetzt ein Teil der Gemeinschaft der Liebenden des Planeten Erde. (Das bist du natürlich auch so ...) Du wirst geliebt! Ja, es ist wahr: Du wirst geliebt.

VERSTEHST DU DIE SPRACHE

DER LIEBE?

Wie zeigst du deine Liebe?

Wissen jene, die dir am Herzen liegen, dass du sie liebst? Wissen sie, wie sehr du sie liebst? Verstehen sie deine Sprache der Liebe? Verstehst du ihre Sprache der Liebe?

Wenn du das Radio anmachst, hörst du Liebeslieder wie „I will always love you", „I have a vision of love", „How deep is your love", du schaust Liebesfilme wie „Titanic" oder „Stolz und Vorurteil" und liest vielleicht Liebesromane.

Aber wie drückst du ganz persönlich deine Liebe aus?

Sagst du "Ich liebe dich?" oder „Ich hab dich ganz doll lieb?" Oder sagst du so etwas nie? Es liegt dir nicht? Es gehört nicht zu deinem Wortschatz? Du redest nicht gern über Beziehung und Liebe. Du drückst deine Gefühle auf andere Art und Weise aus?

Manchmal ist die Liebe vollkommen unsichtbar

Die Sprache der Liebe ist manchmal laut und oft sehr leise. Wenn du kein ausgebildeter Liebeskünstler bist, keine Schlagersängerin, Liebesromanautorin, kein Paarberater und nicht in Marketing und Medien arbeitest, ist deine Sprache der Liebe vielleicht nicht gleich global verständlich. Sie ist vielleicht nicht so eindrucksvoll und mitreißend wie die der Liebesprofis. Dafür ist sie echt, sie ist persönlich. Es ist deine Sprache! Sie ist einzigartig. Kein Musikproduzent hat die Sounds zusammengemischt, kein Verlagslektor hat die Texte überarbeitet.

Und wenn du zu den oben Genannten gehörst:

Auch der perfekteste Ausdruck bedeutet nichts, wenn das, was du sagst, nicht auch so gemeint ist.

Liebe ist Liebe, unabhängig vom Ausdruck. Manchmal ist sie vollkommen unsichtbar, unhörbar, unriechbar, man kann sie nicht anfassen, es gibt kein einziges Indiz, keinen Beweis, dass sie da ist – und doch ist sie da. Man kann sie fühlen. Und auch was das Fühlen betrifft: Oft muss man genau hinfühlen, um sie zu entdecken.

Jemand hat in einem bestimmten Augenblick gelächelt und das hat dich umgehauen. Jemand hat seine Hand auf deinen Arm gelegt und du hattest das Gefühl, die ganze Welt umarmt dich.

Ein Blick und du bist geschmolzen. Niemand hat es gesehen, aber du ...

Werde zur Liebesleserin, zum Liebesleser

Vielleicht denkst du auch, dass du deine Gefühle nicht besonders gut ausdrücken kannst. Viele Menschen, die ich in meinen Seminaren kennengelernt habe, denken das von sich und glauben, dass sie deshalb nicht lieben können oder geliebt werden. Tatsache ist, jeder drückt seine Liebe auf seine ganz eigene Weise aus und es kann gut sein, dass deine Art einfach nicht zum Üblichen passt und du deshalb auf Sendepause gegangen bist. Tatsache ist aber, dass Liebe gefühlt wird als Energie, vollkommen unabhängig vom Ausdruck.

Wenn du anfängst, dich zu beobachten, wirst du lernen, dich mehr und mehr auszudrücken. Du lernst deine eigene Sprache der Liebe kennen und du findest jeden Tag neue Facetten und Nuancen. Du weißt, dass du richtig liegst, wenn die Liebe dir einflüstert, was zu tun, zu sagen, zu denken und zu fühlen ist. Verzage nicht, es ist eine Übung und muss nicht gleich perfekt sein. Bleib dran.

Wie zeigt der andere seine Liebe?

Andere Menschen sind wie du, wie wir alle, in der Schule der Liebe und haben ihre ganz eigene Art, ihre Liebe auszudrücken. Wenn du jemanden besonders gern hast, dann verstehst du wahrscheinlich seine persönliche Sprache der Liebe besonders gut. Vielleicht sogar besser als derjenige selbst. Vielleicht weiß derjenige gar nicht, was er an dich aussendet. Das ist sogar sehr wahrscheinlich! Die meisten von uns glauben, sie wissen, wie sie wirken.

Wir tun dies und jenes, um attraktiv zu sein, Frisur, Make-up, coole Kleidung. Dabei wirkt oft etwas ganz anderes, das uns ganz und gar nicht bewusst ist: unsere authentische Kraft und Freude! Oder unsere Schwächen, oder die Art, wie wir den Löffel in der Kaffeetasse herumrühren ...

Unsere Beziehungen ändern sich schlagartig, wenn wir den Focus nicht länger auf bestimmte Erwartungen richten, wie die Liebe auszusehen hat. Wenn wir anfangen, die Liebe dort zu entdecken, wo sie tatsächlich versteckt ist.

Was uns an anderen nervt, ist oft ein Ausdruck ihrer Liebe.

Genauso wie wir Dinge an anderen faszinierend finden, die diesen Menschen gar nicht bewusst sind, finden wir Dinge an anderen nervig, mit denen sie eigentlich ihre Liebe ausdrücken wollen. Das kann zu großen Missverständnissen führen.

Meiner Freundin Sabrina zum Beispiel ist es extrem wichtig, dass sie mich nicht stört oder meine Zeit unnötig in Anspruch nimmt. Sobald ich in unserem Gespräch erwähne, dass ich „gerade an einem neuen Buch schreibe" oder dass ich „viel zu tun" habe, macht sich eine gewisse Nervosität breit. 10 Minuten später hat sie unauffällig den Kellner an den Tisch gelockt, bezahlt und will gehen. Ich fühle mich dann jedes Mal ein wenig zurückgestoßen. Bis ich gemerkt habe, dass dieses Verhalten durch bestimmte Vokabeln von mir ausgelöst wurde, war unsere Freundschaft fast zerbrochen.

Sabrina pflegt eine Kultur der Höflichkeit, in der Bedürfnisse nicht direkt ausgedrückt werden, sondern in bestimmten Code-Wörtern verschlüsselt sind. Ihr war nicht bewusst, dass ich diesen Code nicht kannte. Sie las aus meinen Worten Botschaften, die von mir gar nicht so gemeint waren. Irgendwann gab ich es auf, sie zu treffen, weil sie, aus meiner Perspektive, andauernd die Beziehung abbrach. Das machte mich sauer, ich zog mich zurück, sie zog sich zurück und schließlich war der Ofen aus.

Ich war traurig über den Verlust. Eines Tages, als ich meine Tante bei demselben Verhalten beobachtete und sie darauf ansprach, verstand ich.

„Es ist meine Art, Respekt auszudrücken für dich und das, was dir wichtig ist", sagte meine Tante zu mir. „Ich möchte dich nicht in die unangenehme Situation bringen, mich zurückweisen zu müssen. Deshalb lese ich deine Hinweise und komme dir zuvor."

Mir wurde bewusst, dass Sabrina mich nicht zurückweisen wollte, sondern dass sie ihre Wertschätzung für mich ausdrückte mit ihrem „Okay, dann will ich dich nicht weiter stören."

Das änderte alles. Ich konnte auf einmal die Liebe fühlen, die Sabrina mir mit dieser Art der Höflichkeit und Wertschätzung entgegenbrachte. Ich nahm wieder Kontakt zu ihr auf und entschuldigte mich für alles, was ich gesagt und getan hatte, weil ich ihr Verhalten missverstanden hatte. Sie sagte nicht viel, aber lud mich ein zu sich. Dort bewirtete sie mich mit einem selbst gebackenen Kuchen. Da ich bei ihr zu Hause war, konnte sie schlecht aufstehen und gehen. Es war an mir, die Dauer unseres Zusammenseins zu bestimmen. Es wurde ein sehr, sehr schöner Nachmittag.

Das Gefühl von Liebe und echter Freundschaft schwebte im Raum, wir konnten es beide fühlen und austauschen, obwohl wir hauptsächlich über Katzen sprachen.

Wie, wo und wann fühlst du die Liebe des anderen?

Du merkst schon, ich möchte dich wirklich auf diese Übungen festnageln. Ich möchte, dass du aktiv lernst. Denke jetzt bitte an jemanden, den du sehr gerne hast, jemanden, der dir wichtig ist.

Denke jetzt an ein Verhalten, das dich an dieser Person irritiert, ärgert, verunsichert, reizt oder einen Widerstand in dir hervorruft. Schau dir dieses Verhalten genau an und frage dich, ob du darin einen Ausdruck von Liebe erkennen kannst. Das ist vielleicht nicht ganz einfach, aber probiere es.

Das irritierende Verhalten:

♡

_____

_____

_____

_____

_____

_____

Wie sich darin Liebe ausdrückt:

♡
_____

_____

_____

_____

_____

Ich nenne dir ein paar Beispiele für irritierende Ver-
haltensweisen und bitte dich, zur Übung, herauszufinden, wie sich in dieser Verhaltensweise Liebe ausdrückt. Schreibe auf, was du gefunden hast.

Jemand nimmt dir alles ab, gibt dir andauernd Rat-
schläge und du hast das Gefühl, dass er dich für hilflos und unfähig hält.

♡
_____

_____

_____

_____

Jemand ist verschlossen und reagiert nicht auf deine Liebessignale.

♡

_____

_____

_____

Jemand überhäuft dich mit Geschenken und du fühlst dich erdrückt.

♡

_____

_____

_____

Das sind 3 Beispiele, es gibt unzählige andere und du wirst sie bemerken, wenn du darauf achtest.

Es ist wichtig, dass wir anderen Menschen zurück-spiegeln, wo wir ihre Liebe fühlen. Damit nähren wir die Liebe, die Liebe der anderen und unsere eigene Liebe. Vielleicht liebst du jemanden und es ist allen anderen vollkommen unverständlich, dass du diesen Menschen liebst. Liebe ist etwas ganz Persönliches und manchmal hat man den Eindruck, dass es wirklich nur einen einzigen Menschen auf dem Planeten gibt, der die eigene Sprache der Liebe spricht.

 ### *Hier ist die nächste große Aufgabe für dich*

Denke bitte an alle Menschen in deinem Leben und stelle dir die Frage:

Wo fühle ich eine Liebe, in der ich mich ganz und gar gesehen fühle? Wo fühle ich eine Liebe jenseits der gesellschaftlichen Spielregeln, jenseits dessen, was geschehen ist oder geschieht? Wo fühle ich eine Verbindung, in der es nur mich und diesen einen anderen Menschen gibt?

♡

_____

_____

_____

_____

Welche Beziehung ist wirklich wichtig für mich und für den anderen Menschen? Vielleicht überlebenswichtig?

Nimm dir einen Augenblick Zeit und lasse die Frage auf dich wirken.

Vielleicht findest du auch eine ungewöhnliche Antwort wie „Meine Leser", „meine Patienten" oder „mein Pferd."

Bitte schreibe die Antwort auf.

♡ _____

_____

_____

_____

_____

Fühle jetzt in diese Beziehung hinein. Was kannst du jetzt in diesem Augenblick tun, um diese Beziehung zum Ausdruck zu bringen auf eine Weise, wie du es nie zuvor getan hast?

Wie kannst du diese Beziehung nähren? Vielleicht ist es schon eine alte, langjährige Beziehung mit vielen Routinen.

Dann finde etwas Neues, das der Beziehung neue Kraft gibt.

Bitte schreibe es auf:

♡ _____

_____

_____

_____

_____

Vielleicht ist es eine neue Beziehung, die gerade erst entsteht und dich entflammt. Vielleicht hast du das Gefühl, du bist gerade der Liebe deines Lebens begegnet. Dann finde etwas, das ungeahnten Mut oder vielleicht auch ungeahnte Disziplin von dir fordert.

Schreibe jetzt bitte 3 Dinge auf, die du zum Ausdruck bringen möchtest in der wichtigsten Beziehung deines Lebens.
Das können materielle Dinge sein wie: „Ich plane einen Urlaub für mich und meine Liebe" oder auch immaterielle Dinge wie „Ich werde ab sofort meine Versprechen halten":

♡
_____

_____

_____

_____

_____

Der kosmische Backofen

Lies durch, was du aufgeschrieben hast, und dann lies es noch einmal. Ich weiß, diese Aufgaben können sinnlos erscheinen, aber tatsächlich ist es so, dass wir dadurch etwas anschieben. Es ist wie wenn wir einen Teig in den kosmischen Ofen schieben. Wir können zwar die Backzeit nicht so präzise einstellen wie an unserem heimischen Herd, und wir können auch nicht einfach den Ofen aufmachen und die Brötchen herausnehmen. Aber es wird gebacken. Durch das Aufschreiben bringen wir etwas in die Welt. Es steht da auf dem Papier. Wenn wir es nochmal durchlesen, schieben wir den Teig in unser Bewusstsein, damit er dort aufgehen kann, um dort zu Brötchen zu werden. Und wir backen gleichzeitig Brötchen im allgemeinen energetischen Feld, an dem auch unsere große Liebe teil hat. Irgendwo, irgendwie, irgendwann wird das Brötchen zum Vorschein kommen. Da unser Teig nicht nur in unserem Backofen zu Hause, sondern im kosmischen Ofen aufgeht, können wir nicht genau wissen, wie und wo und wann das Ergebnis zum Vorschein kommt. Wir können uns nur darauf verlassen, dass es ein Ergebnis geben wird. Wir geben etwas und es gibt ein *Er-geb-nis*. Das ist ein Naturgesetz. Und ein Liebesgesetz.

Die drei Dinge, die du dir vorgenommen hast zu tun, bringen deine Liebeskraft auf ein neues Level. Jetzt mischen wir noch eine energetische Zutat hinzu.

Wer ist der Empfänger?

Damit deine Liebestaten auch beim anderen ankommen, brauchen wir ein klares Bild des Empfängers.

Die Übung geht jetzt noch einen Schritt weiter. Bist du bereit?

Stell dir jetzt vor, du möchtest deine Liebe zum Ausdruck bringen, wie du es in den Zeilen oben notiert hast. Stelle dir vor, dass du mit dem Ausdruck deiner Liebe dem anderen ein Geschenk machst. Und frage dich, wie du das Geschenk am besten beim anderen abliefern kannst.

Ganz einfach: Ein Liebesgeschenk ist wie ein Ball, den du wirfst. Wenn der andere gerade seine

Lieblingsserie schaut, kriegt er den Ball an den Kopf und ist sauer. Dann bist du sauer und dann ist er noch saurer, weil er ja nur seine Lieblingsserie schauen wollte und plötzlich einen Ball an den Kopf bekam und du jetzt auch noch sauer bist.

So funktioniert es nicht.

Gehe noch einmal zurück zu den drei Dingen, die du deinem geliebten Wesen als Ausdruck deiner Liebe schenken möchtest.

Frage jetzt:

Wird sie oder er meinen Ausdruck der Liebe verstehen? Wird sie oder er es annehmen können? Ist es etwas, was der andere sich sehnlichst wünscht?

Gehe jetzt noch einen Schritt weiter:

Was wünscht sich dein geliebtes Wesen im Moment am Sehnlichsten?

Wie wünscht sich dein geliebtes Wesen den Ausdruck deiner Liebe zu empfangen. Wünscht sie oder er, dass du „Ich liebe dich", sagst oder dass du die Mülleimer runter trägst oder dass du Verständnis dafür hast, dass er oder sie heute Abend später nach Hause kommt?

Du weißt, dass du die richtige Antwort gefunden hast, wenn das Tor zur Liebe aufgeht. Wenn du die Liebe fühlst und nicht nur denkst. Wenn du die Liebe zwischen euch fließen fühlst. Suche so lange, bis du etwas gefunden hast, das sich nach Liebe anfühlt. Du wirst es wissen, denn Liebe ist entweder da oder nicht da. Solange du noch zweifelst, ist sie nicht da. Wenn du ein warmes Gefühl von Glück durch deinen Körper fließen fühlst, ist sie da.

Frage dich jetzt, wie du deine Liebe ausdrücken kannst, sodass es dir gefällt und dass es dem anderen gefällt.

Schreibe jetzt, nachdem du mehr Bewusstsein gewonnen hast, nochmal drei Dinge auf, wie du deine Liebe zum Ausdruck bringen möchtest, sodass Liebe zwischen euch entsteht.

♡

_____

_____

_____

_____

_____

_____

Vielen Dank! Das hast du sehr gut gemacht!
Jetzt geht es nur noch darum, es umzusetzen!
Nimm das bitte ganz ernst!

Die Absicht allein genügt nicht. Mit guten Absichten baust du Sandburgen, die mit der übernächsten Welle weggespült werden.
Leere Versprechungen sind nichts für die Liebe.

Also schreib dir auf, was du tun möchtest und prüfe später, ob du es getan hast. Nimm's wie eine Einkaufsliste: Setze einen Haken. ☺

☐ _____

☐ _____

☐ _____

Dein Lohn? ... die Liebe!

DIE WUNDEN DER LIEBE

In der Liebe sind wir sehr verletzbar.

Es ist das Wesen der Liebe, dass sie uns sehr verletzbar macht. Nichts kann so große Angst, so große Wut, so große Traurigkeit in uns wecken wie die Liebe. Die Liebe macht uns sehr angreifbar. Deshalb ist es vollkommen verständlich, dass wir uns vor den Verletzungen der Liebe schützen. Wir tun das bewusst und wir tun das unbewusst.

Hier wird es jetzt sehr praktisch:
Wenn unsere Liebesgefühle verletzt werden, schützen wir uns instinktiv. Der unbewusste Panzer jedoch, mit dem wir uns gegen die Liebe schützen, hält uns

auch davon ab, die Liebe in ihrer ganzen Schönheit zu erleben. Das müssen wir uns genauer anschauen.

Wenn die Mauern nichts mehr durchlassen.

Zum Beispiel die Schnecke: Sie trägt ihre schützende Festung immer mit sich herum. Sie kann hinein- und hinauskriechen, wie es gerade angemessen ist.

Ähnlich machen wir Menschen es mit unseren energetischen und emotionalen Schutzschildern. Wir passen uns der Umgebung an. Wir öffnen oder verschließen uns. Grundsätzlich sind wir offen, weil unsere Natur Liebe und Verbindung sucht.

Manchmal aber werden wir sehr verletzt. Wir errichten eine Mauer, die Mauer verfestigt sich, die Mauer bleibt. Wir merken das nicht immer. Es ist ein intuitiver Selbstschutz, der nicht immer in unser Bewusstsein vordringt. Wir merken nicht, dass die Liebe nicht mehr zu uns durchdringt. Wir verstehen dann jede Annäherung, auch wenn sie liebevoll ist, als Angriff, wir werden misstrauisch. Komplimente verstehen wir als Manipulationsversuche. Freundliche Einladungen als egoistische Versuche anderer Menschen, uns zu vereinnahmen.

Irgendwann ziehen sich die Menschen aus unserer Umgebung zurück, weil sie sich zurückgewiesen fühlen. Dann fühlen wir uns bestätigt in dem, was wir immer vermutet haben. Und merken nicht, dass wir es selbst geschaffen haben. Ja, vielleicht fällt dir jetzt ein solches Verhalten ein, das du bei einem anderen beobachtet hast, aber hier geht es um dich!

 ## *Deine Aufgabe*

Bitte nimm jetzt wieder dein Heft und deinen Kuli zur Hand.

Die Aufgabe:
Erinnere dich an ein Ereignis, in dem deine Liebe sehr verletzt wurde.

Vielleicht wurdest du von jemandem verlassen, den du sehr geliebt hast oder du wurdest zurückgewiesen als du jemandem deine Liebe gezeigt hast.

Oder du wurdest missverstanden, dir wurde vorgeworfen, jemanden verletzt zu haben, obwohl das nicht deine Absicht war.

Oder etwas anderes.

Bitte schreibe jetzt drei Details auf, die dir im Gedächtnis geblieben sind.

Zum Beispiel einen Satz, den jemand zu dir gesagt hat, einen Ort, an dem es passiert ist, ein Kleidungsstück, das du getragen hast.

Oder ein anderes Detail.

♡ _____

_____

_____

_____

_____

Rufe dir über diese Details das Ereignis vor Augen, so-dass du den Schmerz fühlen kannst. Fühle jetzt in dem Schmerz, wie sich etwas in dir verschließt. Wie du dich zurückziehst.

Schreibe jetzt drei Sätze auf, die dir in den Sinn kommen als Reaktion auf dieses Sich-Verschließen. Ich gebe dir ein paar Beispiele:

> » „Nie wieder!"
> » „Ich will so nicht / kann so nicht weiterleben"
> » „Ich werde nie wieder richtig glücklich sein"
> » „Ich werde nie darüber hinwegkommen"
> » „Den / die mach ich fertig"

(Übrigens alle aus meinem persönlichen Repertoire ... und dem Millionen anderer)

♥

_____

_____

_____

_____

_____

Vielen Dank, dass du dich darauf eingelassen hast.
Ich weiß, die Schule der Liebe ist keine leichte Schule.
Sie ist nicht leicht, weil wir auch die unangeneh-
men Gefühle fühlen müssen. Aber du merkst viel-
leicht auch, dass du mehr Wärme empfindest, mehr
Lebendigkeit, mehr Sicherheit. Das ist das Tolle an
Gefühlen: Egal, ob sie angenehm oder unangenehm
sind, es sind Gefühle und Fühlen macht uns stark.
Dann also weiter zum nächsten Schritt ...

Der Liebesunfall

Wenn uns ein Liebesunfall passiert, tragen wir eine
Wunde davon. Wir werden uns später noch genauer
damit beschäftigen, was mit unseren Liebeswunden
im Detail passiert. Jetzt geht es erst einmal um eine
einfache Umkehrung.

Wenn wir verletzt sind in unserem Bedürfnis nach Liebe, passieren zwei Dinge gleichzeitig. Zum einen werden wir sehr liebesbedürftig, weil man uns die Liebe entzogen hat, zum anderen werden wir unerreichbar für andere, weil wir uns schützen, um nicht weiter verletzt zu werden.

Wir stecken dann in einem echten Dilemma. Weil wir nicht mehr genügend Liebe im direkten Austausch erleben, nähren wir uns aus indirekten Quellen. Wir geben uns Träumereien hin, schauen Filme, lesen Romane oder baden in Erinnerungen. Nach außen und vielleicht auch gegenüber uns selbst, geben wir vor, dass alles okay ist. Mit der Zeit entsteht eine innere Zerrissenheit, die immer größer wird. Unsere Sehnsucht wird immer größer und unser Bedürfnis nach Selbstschutz wächst. Andere erreichen uns nicht mehr. Wir verstehen nicht, dass ihre Zurückhaltung mit uns zu tun hat und schotten uns noch mehr ab. Oder es ist uns bewusst, aber wir können es nicht ändern.

Den Teufelskreis können wir nur durchbrechen, wenn wir unseren Verletzungen mit Mut ins Gesicht sehen und uns auf echte Beziehungen einlassen, in denen wir Verständnis finden und Raum für Angst und Traurigkeit. In denen wir die Erfahrung machen können, dass wir so geliebt werden, wie wir sind.

Plötzlich ist alles aus

Plötzliche Beziehungsabbrüche sind ein Kennzeichen für ein verwundetes Herz. Entweder andere brechen ihre Beziehungen zu dir plötzlich ab oder du brichst die Beziehung zu ihnen plötzlich ab. Plötzlich, wie aus dem Nichts, ist eine vernichtende Energie im Raum. Entweder wir oder der andere steht plötzlich da mit einem flammenden Schwert und durchtrennt die Verbindung, die zuvor beide ernährt hat.

Die Energie, die diesen plötzlichen Beziehungsabbruch speist, kommt aus einer Liebes-Wunde. Sie ist wie der Eiter einer Wunde, die nicht genügend Luft bekommt, um auszuheilen.

Natürlich gehen Beziehungen manchmal zu Ende, zum Beispiel, wenn die Beteiligten sich in verschiedene Richtungen entwickeln und keine gemeinsamen Interessen mehr haben oder wenn sie sich mit verschiedenen Geschwindigkeiten entwickeln. Aber so eine Entwicklung kann friedlich und bewusst geschehen.

Eine Trennung, die aus einer Wunde kommt, fühlt sich anders an. Plötzlich verwandeln wir uns in ein verletztes Tier, das zubeißt, weil es sich in seiner Existenz angegriffen fühlt. Wir müssen verstehen, dass jemand, der so handelt, nicht anders kann. Dass wir, wenn wir so handeln, nicht anders können.

Die Kraft in der Liebes-Wunde

Es ist eines der größten Geheimnisse der Liebe, dass die Wunden, die sie uns zufügt, eine große Quelle der Kraft sind. Das ist wohl die schwierigste Lektion in der Schule der Liebe und wir werden uns noch öfter damit beschäftigen.

Es geschieht nicht von selbst, dass sich eine Wunde in Kraft verwandelt. Es kann nur passieren, wenn wir offen bleiben, wenn wir den intuitiven Selbstschutz, mit dem unser energetisches System die Schotten dichtmacht, immer wieder auflösen.

Das geht nur, wenn wir uns der Angst aussetzen, die mit jeder Öffnung gegenüber der Liebe verbunden ist.

Der Umgang mit der Angst, verletzt zu werden, ist der Schlüssel zu unserer Liebesfähigkeit.

Liebes-Training ist im Wesentlichen Angst-Training.

Ich erzähle dir ein Beispiel, die Geschichte von Michael. Michael hatte sich ein Leben eingerichtet, in dem alles perfekt war. Er hatte einen Job, in dem er gut verdiente, ein Haus, einen lebhaften Freundeskreis und Beziehungen zu drei Frauen, mit denen er ein intimes Verhältnis hatte. Für einige seiner männlichen Freunde war er ein Held.

Er lebte das, was seinen Freunden als abwechslungsreiches Leben erschien: Drei schöne Frauen, die Michael zu Füßen lagen. Eine dieser Frauen war Natascha. Von ihr kenne ich Michaels Geschichte. Sie liebte Michael leidenschaftlich, war aber dabei an seiner Untreue zu zerbrechen.

Hinter dem scheinbar abwechslungsreichen Leben von Michael verbarg sich die Angst, verlassen zu werden. Dadurch, dass er drei Frauen zur Auswahl hatte, hatte er die optimale Situation geschaffen, um dieser Angst nie begegnen zu müssen. Er bezahlte aber einen hohen Preis.

Er musste jene, die er liebte, leiden lassen und das ist für jeden wahrhaft Liebenden unerträglich. Denn ein Liebender wünscht sich nichts anderes als den Geliebten so glücklich wie möglich zu machen. Wenn man einen geliebten Menschen verletzen muss, um der eigenen Angst vor dem Verlassenwerden aus dem Weg zu gehen, macht man sich selbst taub und unempfänglich für die Liebe und das ist der größte Preis, den man in der Liebe überhaupt bezahlen kann: Dass sie sich nämlich aus dem Staub macht.

Das erklärte ich Natascha und sie stimmte mir zu. „Ich weiß das und ich würde Michael gern aus diesem Gefängnis befreien – durch meine Liebe", sagte sie.

Warum liebte Natascha einen Mann, der sie verletzte?

Ich hatte in diesem Fall nicht mit Michael zu tun,

sondern ich war Nataschas Coach. Was konnte ich darauf antworten?

Wir alle haben das tiefe Bedürfnis, andere aus ihrer Angst zu befreien. Wenn wir das Leid eines anderen empfinden, möchten wir ihm helfen. Aber haben wir die Kraft?

Was war Nataschas Wunde, dass sie sich Michael als Lehrer in der Schule der Liebe ausgesucht hatte? Genau das fragte ich sie. Warum Michael? Hättest du es dir nicht leichter machen können?

Ihre heldenhafte Antwort lautete: „Ich habe so viel Liebe, dass ich den Schmerz aushalten kann, den Michael mir zufügt, weil ich ja weiß, woher er kommt."

Heldenmut in der Liebe ist eine Antwort auf Angst.

„Wenn Michael Angst hat, verlassen zu werden, was ist dann deine Angst? Wovor hast du Angst", fragte ich Natascha. Die Frage überraschte sie.

„Ich habe, wie Michael, Angst vor dem Alleinsein. Und irgendwie hat Michaels System etwas Stabiles. Es ist seit 5 Jahren so und verändert sich nicht."

„Dann wäre es gar nicht erstrebenswert für dich, seine einzige Geliebte zu sein?"

Sie legte den Kopf zur Seite und sah mich an wie ein schüchternes kleines Mädchen. „Vielleicht würde ich ihm nicht genügen", sagte sie.

„Du hast also auf der einen Seite so viel Liebe, dass

du den Schmerz, den er dir zufügt, aushalten kannst und andererseits ist deine Liebe nicht groß genug, um Michael allein glücklich zu machen?"

Natascha sah mich verwundert an. „Meine Liebe ist sehr groß!", erwiderte sie empört. Dann atmete sie tief aus. Natascha wurde bewusst, dass ihre Angst, nicht gut genug zu sein, größer war als ihre Liebe.

4 Wochen später erzählte sie mir, dass sie sich von Michael getrennt hatte. Für Michael sei es nicht so schlimm gewesen, denn er hatte ja noch zwei andere Frauen und erstaunlicherweise oder auch nicht hatte er bald auch wieder eine Dritte. Sein System war wirklich erstaunlich stabil.

Natascha hatte etwas gelernt. Sie war ihrer Angst begegnet, nicht liebenswürdig genug zu sein, um von einem Mann ganz allein geliebt zu werden. Sie wurde sich bewusst über ihre Wunde.

Das veränderte alles. Die Liebe zu Michael, die den Schmerz ertrug und die Michael erlösen wollte, löste sich auf. Dahinter kam Angst zum Vorschein und aus der Wunde der Angst entstand ein neuer Mut, der diesmal echte Liebe zum Vorschein brachte. Woran Natascha es bemerkte?

„Neulich hat meine Freundin mich nicht auf der Straße erkannt", sagte sie. „Als ich sie dann ansprach, sagte sie zu mir: Du siehst so viel strahlender aus." Auch ich war verblüfft über die Verwandlung von Natascha. „Ich habe wirklich viel Liebe in mir", sagte

Natascha „und ich möchte einen Mann glücklich machen, der genau diese Liebe annehmen kann und sie mir zurückgibt. Von Michael habe ich herzlich wenig zurückbekommen, weil ich geglaubt habe, dass ich nicht mehr verdient habe."

Wenn wir uns unsere Wunden bewusst machen, verwandelt sich die Angst in Liebeskraft. Das ist das Wunder der Liebe.

Man kann ja der Liebe viel nachsagen, weil sie uns eben so sehr verletzen kann, aber wenn man genau hinsieht, bietet uns die Liebe mit ihren Verletzungen, die Chance noch stärker zu werden in unserer Liebeskraft.

Unsere Verletzungen sind die Tore zu unserer Kraft. Unsere Verletzungen sind die Unterrichtsstunden in der Schule der Liebe, in denen wir am meisten lernen. Unsere Wunden sind unsere Lehrmeister.

Für mich ist das eine einzigartige Botschaft der Hoffnung.

All unsere Ängste rund um die Liebe haben keine wirkliche Kraft.

Unsere Ängste sind Kraftwerke, wenn wir ihnen ins Auge schauen und sie nicht in Sicherheitsgefängnissen einsperren.

Die Liebe bringt Ängste hervor, um sie dann in noch größere Liebe zu verwandeln.

 ## *Deine Aufgabe*

Bitte gehe jetzt zurück zu dem Ereignis, in dem du von der Liebe verletzt wurdest, das Ereignis, das du vorhin aufgeschrieben hast. Bitte schreibe jetzt drei Ängste auf, die dieses Ereignis zum Vorschein gebracht hat. Zum Beispiel die Angst, allein zu sein, die Angst, nicht liebenswert zu sein, die Angst zurückgewiesen zu werden oder eine andere Angst. Bitte schreibe drei Ängste auf:

1. _____

2. _____

3. _____

Wähle unter den drei Ängsten jetzt eine aus, die am stärksten ist.

Lasse jetzt alle Widerstände gegen diese Angst los. Gestehe dir diese Angst in vollem Umfang ein im Vertrauen, dass diese Angst deine Chance ist, mehr zu lieben.

Schreibe jetzt bitte auf: Ich habe Angst … (notiere dann deine größte Angst)

♡ _____

_____

_____

_____

_____

Jetzt musst du dein eigener Coach sein. Diese Aufgabe ist jetzt ein wenig schwieriger, aber ich glaube, deine eigene innere Weisheit kann dir helfen. Deine Aufgabe ist jetzt, deine Angst umzuwandeln in etwas, das dir Kraft gibt.

Ich nenne dir ein Beispiel:
Lisa hat die Angst, nicht genügend zurückzubekommen in der Liebe. Sie hat die Angst, immer die Gebende zu sein.

Als Lisa sich diese Angst genauer angeschaut hat, wurde ihr bewusst, dass die Belohnung schon darin lag, etwas zu geben. Sie musste gar nichts zurückbekommen. Sie liebte es einfach zu schenken, sich zu verschenken. Als sie sich darüber bewusst wurde, verschwand ihre Angst und sie verschenkte ihre Liebe noch großzügiger.

Jetzt bist du dran:

Welche Liebeskraft kannst du hinter deiner Angst entdecken?

♡ _____

_____

_____

_____

_____

Vielen Dank, dass du mir bis dahin gefolgt bist. Du bist einen Schritt weiter gekommen in der Schule der Liebe. Du hast einen weiteren Liebesmuskel hinzugewonnen. Du kannst wirklich zufrieden mit dir sein und du wirst die Auswirkungen im Alltag spüren.

Die Liebe wird auf dich antworten. Denn die Liebe antwortet auf jeden, der wirklich liebt.

DER RUF DER LIEBE

DIE LIEBE KOMMT AUS DER KOSMISCHEN URQUELLE UND WILL SICH MANIFESTIEREN DURCH DICH

Der Unterschied zwischen Liebe und Sicherheit

Es gibt einen interessanten Unterschied zwischen Wissenschaft und Kunst: In der Wissenschaft suchen wir etwas Objektives, wir suchen Gesetze, die immer gleich funktionieren, Formeln, mit denen wir Ursache und Wirkung beschreiben können. Etwas, das unabhängig von unserer persönlichen Meinung existiert.

In der Kunst suchen wir das Subjektive. Wir suchen das ganz Persönliche, das Authentische, wir suchen die Welt als Traum eines Künstlers. Jeder von uns erlebt die Welt als seinen eigenen Traum, weil jede und jeder von uns mehr Künstler als Wissenschaftler ist.

Denselben Unterschied finden wir zwischen der Liebe und ihren gesellschaftlichen Formen. Die Menschheit hat die verrücktesten Dinge erfunden, um die Liebe zu bändigen: Keuschheit, Ehe, Beschneidung, Zöllibat, Jungfernzeugung, Pornografie, Prostitution und das sind nur einige Beispiele.

Weil die Liebe uns so verletzbar macht, weil wir so extrem viel zu verlieren haben, wenn unser Herz erst auf die Umlaufbahn geraten ist, versuchen wir sie in Formen und Rituale, in Verbote und Pflichten zu pressen und sie zu kontrollieren.

Wir glauben, wir sind sicher, wenn wir uns vor dem Traualtar versprechen, zusammenzubleiben „bis dass der Tod uns scheidet". Die Hälfte aller Ehepaare erlebt, dass dieses Versprechen nicht hält. Die Liebe kann man nicht festhalten. Aber genauso wie die Kunst uns träumen lässt, lässt uns die Liebe träumen.

Alle Kunst ist Liebe und alle Liebe ist Kunst.

Die Liebe ist eine Einladung zu träumen. Die Liebe öffnet jedem von uns das Tor zu seiner ganz persönlichen Liebeswelt. Persönlicher geht es gar nicht als in der Liebe. In der Liebe begegnen wir uns selbst wie nirgendwo sonst. In der Liebe lernen wir uns selbst kennen. Bevor wir nicht tief geliebt haben,

haben wir keine Ahnung, wer wir sind. Bevor wir nicht tief geliebt haben, ist alles, was wir tun, nur ein Ausweichmanöver. Bevor wir nicht tief geliebt haben, haben wir das Leben nicht kennengelernt und alles, was wir wissen ist relativ.

 ## Deine Aufgabe

Damit du dich selbst als Liebesträumende, als Liebesträumender fühlen kannst, möchte ich dir jetzt eine Frage stellen:

Was tust du, wenn du komplett und total wahnsinnig und rettungslos liebst?

- » Liegst du auf dem Sofa und lässt rosa Wolken vorbeiziehen?
- » Fängst du an Cupcakes zu backen oder Bäume rauszureißen?
- » Schreibst du Tagebuch oder rufst du alle deine Freundinnen an?
- » Baust du Traumschlösser oder tanzt du den Sonnentanz?

Schreibe zwei Beispiele auf, was bei dir in Gang kommt, wenn du verliebt bist oder wenn du liebst.

Was ist dein persönlicher Style?

♡
_____

_____

_____

_____

_____

Der Großmogul Shah Jahan ließ zum Gedenken an seine verstorbene große Liebe Mumtaz Mahal das überirdische Taj Mahal erbauen, der persische Poet Rumi schrieb im 13. Jahrhundert aus Liebe zu Gott unzählige Liebesgedichte, die bis heute Menschen aus der ganzen Welt umhauen.

Du liest vier Zeilen von Rumi und du liebst.

Die Kraft, die in Rumis Gedichten wohnt, das ist keine Kunstfertigkeit, kein trainiertes Handwerk. Rumis Poesie kommt aus einer göttlichen Quelle. Rumi hat das Tor zur Liebe gefunden, Rumi hat tausend und eins Tore zur göttlichen Urquelle gefunden. Er hat sich vollkommen für die Liebe geöffnet und die Liebe kam durch seine Poesie in die irdische Welt.

Rumi hat diese Kunst nicht persönlich erschaffen. Rumi hat Gott nicht erschaffen. Die göttliche Urquelle, die Liebe, war da vor Rumi und sie ist da nach Rumi. Rumi war ihr Botschafter, er war ein Ausdruck der universellen Liebe. So wie jede und jeder von uns ein Ausdruck der universellen Liebe ist, so wie alles, was wir tun, ein Ausdruck der Liebe ist. Die Liebe wartet darauf, sich zu manifestieren.

Der Planet Erde in all seiner Schönheit ist eine Manifestation der Liebe. Einen anderen Sinn gibt es nicht. Der Kosmos in seiner Grenzenlosigkeit ist eine Manifestation der Liebe. Der Kosmos und die Erde, die Rumi genährt haben, waren Ausdruck der Liebe. Der Kosmos und die Erde, die Gottlieb Daimler genährt haben und ihn ein Auto wie den Daimler Benz haben erschaffen lassen, sind Ausdruck der Liebe. Dieses Beispiel kommt mir in den Sinn, weil ich in Stuttgart lebe und jeden Tag diese faszinierenden Fahrzeuge vor der Tür vorbeifahren sehe. Und weil ein Mercedes, eine Mülltonne und eine ausgedrückte Zahnpastatube genauso Liebe ausdrücken wie ein Sonnenuntergang über dem Meer.

Die Größe der Liebe ist vollkommen relativ.

Es spielt keine Rolle wie groß oder weltbewegend du deine Liebe manifestierst. Es kommt nur darauf an, ob du es fühlst. Die Liebe, das ist das Paradies. Es liegt an dir, es zu betreten. Der Eingang ist überall. Du kannst ihn jederzeit finden. Mit einem Atemzug, mit einem Augenzwinkern. Wenn du alle Bedingungen loslässt. Wenn du die Erwartungen, wie die Liebe auszusehen hat, loslässt. Es ist wie mit der Kunst, sie kann überall und unter allen Bedingungen erschaffen werden.

Jede und jeder von uns ist ein von der Liebe geschaffenes, unglaublich faszinierendes Kunstwerk. Jede und jeder von uns ist ein Gefäß der Liebe, eine Botschafterin, ein Botschafter der Liebe. Wenn wir alle unsere Anstrengungen loslassen, manifestiert sich die Liebe in uns. Und im selben Maße, in dem die Liebe sich in uns manifestiert, lieben wir.

Wenn wir lieben, sind wir im Paradies.

Ich möchte euch die Geschichte von Ansgar erzählen. Ansgar war in Frankfurt aufgewachsen unter sehr armen Verhältnissen, sein Vater war ein Alkoholiker gewesen und konnte die Familie mit fünf Kindern kaum ernähren. Ansgar entwickelte einen sehr starken Überlebensinstinkt. Er verstand es, Geschäfte zu machen. Er kaufte fünf Packungen Zigaretten, stellte sich vor der Oper auf, wenn gerade Pause war, und fand immer eine Handvoll Interessenten, die ihm die Zigaretten für den doppelten Preis abkauften. Er war ein Genie darin, Marktlücken zu finden, herauszufinden, wo Menschen etwas brauchten und es ihnen anzubieten. Das alles ging zurück auf einen starken

Beschützerinstinkt, den er als ältestes Kind gegenüber seinen Geschwistern entwickelt hatte. Ein großer Teil seiner Persönlichkeit war darauf ausgerichtet, andere zufrieden und glücklich zu machen. Das beschäftigte ihn Tag und Nacht – und es machte ihn reich.

Und es machte ihn unglücklich. Er hatte keinerlei Gefühl dafür, dass ein anderer oder eine andere seine Hilfsbereitschaft und Großzügigkeit, seine Obsession für andere da zu sein, ausnützen könnte. Diese Möglichkeit existierte in seiner Welt überhaupt nicht. Er wurde ausgenutzt von einer Frau, die er sehr liebte. Er musste entdecken, dass sie ihn um sein Vermögen betrogen hatte und sich ein schönes Leben mit einem anderen machte. Er baute ein neues Vermögen auf, aber etwas in ihm war zerbrochen. Die Liebe hatte ihm einen so schweren Schlag versetzt, dass sein Herz verschlossen war. Er lebte allein und widmete sich nur noch seiner Arbeit. Er baute sich ein wunderschönes Haus mit einem paradiesischen Garten, aber er lebte dort allein, abgesehen von seinen Angestellten.

In dem Haus, – ich besuchte ihn einmal dort – herrschte eine merkwürdige Energie. Es war, als würden die Wände und Mauern jene Wände und Mauern widerspiegeln, die sich um sein Herz gelegt hatten. Die Räume, so wunderschön sie eingerichtet waren, hatten etwas Frostiges, Unwirtliches. Man wollte sich nirgendwo hinsetzen.

Nachdem ich die Villa verlassen hatte, ich stand mit Ansgar in der Sonne vor dem Eingangsportal, überkam mich ein überwältigender Schmerz. Ich war verwirrt: Da war dieser beeindruckende, mächtige, angesehene Mann und er war vollkommen einsam.

„Was denken Sie?", fragte er mich.

„Die Sonne ... es ist schön, hier in der Sonne zu stehen." Etwas anderes fiel mir nicht ein. Ich war so überwältigt von der Einsamkeit, die mir in Ansgars Villa begegnet war. Sie hatte sich wie eine dicke Schicht um sein Herz gelegt. Diese Einsamkeit war spürbar, wenn man ihm, egal wo, begegnete, aber nachdem ich sein Zuhause gesehen hatte, legte sie sich wie Blei über meinen Atem. Ich spürte auch die verletzte Liebe, die sich dahinter verbarg. Ich hatte Angst, auszusprechen, was ich fühlte, weil es so groß war.

Die Sonne kam hinter einer Wolkenbank hervor und fiel auf einen Rosenstrauch. Ich konnte den Duft der Blüten riechen.

„Haben Sie die gepflanzt?" Ich wunderte über mich selbst, dass ich diese Frage gestellt hatte. Es war viel wahrscheinlicher, dass ein so wohlhabender Mann wie er, solche Aufgaben einem Gärtner übertrug.

Er schien überrascht. „Woher wissen Sie das?"

„Es ist ein Paradies, das Sie sich hier erschaffen haben", sagte ich und ich meinte es auch so. Die Einsamkeit, die ich im Haus gefühlt hatte und die Einsamkeit, von der Ansgar umhüllt war wie von einer undurchdringlichen Festung, ich konnte sie jetzt sehen als Ausdruck seiner Liebe. Ich konnte sehen, dass es seine ungewöhnliche Kraft zu lieben war, die dieses Haus erschaffen hatte, diesen Garten und die Mittel, mit denen er das Ganze finanziert hatte.

Ansgars Miene hellte auf. Er sagte nichts, aber ich konnte die Liebe fühlen, von der die Luft ringsum plötzlich erfüllt war.

Nach einer Weile räusperte er sich. „Ich habe jemanden kennengelernt, eine Frau, die ... wie soll ich sagen ... ich bin angezogen von ihrer Seele. Ich möchte sie gern einladen in das Haus, aber es ist so einsam, ich habe Angst, dass sie es nicht mögen wird. Sie kommt aus sehr einfachen Verhältnissen und legt keinen Wert auf Luxus. Deshalb wollte ich Ihre Meinung hören.

„Es ist ein Paradies" erwiderte ich, diesmal mit noch größerer Überzeugung. „Es ist ein Ausdruck Ihrer Persönlichkeit. Wer die Schönheit dieses Hauses nicht fühlen kann, kann auch Ihre Schönheit und Ihre Liebe nicht fühlen." Jetzt war ich wieder ganz der Coach, als der er mich engagiert hatte.

Er nahm meine Hand, was mich spontan zu Tränen rührte. „Danke", sagte er. „Das war es, was ich hören musste."

Ich erfuhr ein halbes Jahr später, dass er sich verlobt hatte.

„Das Paradies ist immer nur einen Atemzug entfernt", schrieb er mir in der Karte, mit der er seine Hochzeit ankündigte.

Wir sind Gefäße der Liebe

Wir Menschen drücken unsere Liebe auf sehr unterschiedliche Weise aus. Und wir müssen verstehen, dass dieser Ausdruck nicht von uns geschaffen ist, sondern, dass wir ein Gefäß der Liebe sind. Im Augenblick, in dem uns das bewusst wird, ist die Liebe da. Solange wir unsere menschlichen Schöpfungen mit menschlichen Maßstäben beurteilen, ist uns das Paradies verschlossen. Wir müssen verstehen, dass alles, was wir sind, von der Liebe geschaffen wurde und dass alles, was wir tun und sagen, fühlen und denken, von der Liebe geschaffen wurde, auch unsere Einsamkeit und unser Schmerz. Ein Sonnenstrahl und der Duft einer Rosenblüte kann uns daran erinnern. Eine Berührung kann alles verwandeln. Die Tür zum Paradies kann sich jederzeit öffnen. Plötzlich sieht alles anders aus, hat andere Farben, ein anderes Licht. Ich bin sicher, wenn ich nach dem Gespräch mit Ansgar noch einmal durch das Haus gegangen wäre, hätte ich ein anderes Haus gesehen. Es wäre ein anderes Haus gewesen.

 *Deine Aufgabe*

Ich bitte dich jetzt, dich mit der folgenden Frage zu beschäftigen. Ich habe dir eine ähnliche Frage schon einmal gestellt, aber diese geht tiefer.

Wie drückt deine Geliebte, dein Geliebter ihre oder seine Liebe aus?

Kannst du zwei Handlungen finden, vielleicht auffällig wie einen Strauß roter Rosen überreicht zu bekommen, vielleicht unauffällig wie die Art, wie dein Geliebter die Bierflasche in der Hand dreht, wenn du den Raum betrittst, oder wie deine Geliebte das Rot ihrer Lippen nachzieht, wenn sie sich von dir beobachtet fühlt. Bitte nimm dir ein wenig Zeit, erinnere dich, und fühle, was deine Liebe weckt.

Schreibe bitte zwei Beispiele auf:

♡ _____

_____

_____

_____

_____

All das ist Liebeskunst. Subtil, unschuldig, authentisch, berührend wie jedes Kunstwerk, das aus Liebe geschaffen ist. Was die Liebe hervorbringt, spricht zu unserem Herzen. Und wenn unser Herz erst berührt ist, entdecken wir die Kunst der Liebe überall.

Schließe dich an die kosmische Nabelschnur

Ich möchte diese Aufgabe jetzt noch ein Stück weiter treiben.

Bitte stelle dir vor, dass du angeschlossen bist an eine kosmische Urquelle. Du kannst es dir ganz praktisch vorstellen wie eine Quelle irgendwo da draußen im Weltall und eine Nabelschnur, die aus dieser Quelle zu dir herunterreicht und durch die der Liebesnektar zu dir fließt.

Stell dir jetzt vor, dass du ein Gefäß bist für die Liebe und dass der kosmische Liebesnektar in alle deine Glieder fließt, in alle deine Zellen. Du bist bis oben hin erfüllt davon und es fühlt sich ganz und gar wunderbar an.

Du hast keine eigenen Gedanken mehr. Die Gedanken, die zu dir kommen, sind getränkt von der lichtvollen, warmen Energie der Liebe, die aus dem Kosmos zu dir fließt. Richte den Fokus deiner Gedanken jetzt auf die Frage:

Was kannst du tun, um deine Geliebte, deinen Geliebten glücklich zu machen?

Zwei Dinge. Wenn du sie gefunden hast, schreibe sie bitte auf.

♡ _____

_____

_____

_____

_____

Wie fühlt sich für dich die Vorstellung an, diese zwei Dinge für deine Geliebte oder deinen Geliebten zu tun?

Warte so lange auf eine Eingebung bis du etwas gefunden hast, das dich ganz und gar mit Liebe erfüllt. Das, was du für den anderen tust, muss dich genauso glücklich machen. Dann ist es Handeln aus Liebe.

Jetzt möchte ich dich noch zu einer weiteren Aufgabe einladen, einer Aufgabe, die noch einen Schritt weitergeht.

Was wünschst du dir von deiner Geliebten, deinem Geliebten?

Erlaube dir, vollkommen frei zu wünschen, was du dir als Erfüllung deiner Liebe vorstellst. Soll sie oder er dich nächsten Mittwoch vom Flughafen abholen? Dir einen Heiratsantrag machen oder soll dein Pferd, deine große Liebe, zu dir kommen, wenn du auf die Weide gehst?

In dieser Aufgabe geht es darum, dass die Liebe uns jeden Wunsch erfüllen möchte. Sie braucht nur genügend Kraftstoff, sprich Liebesenergie. Sie braucht die Kraft deines Wunsches.

Dein Wunsch muss aus reiner Liebe geboren sein, sonst wird er sich nicht erfüllen. Es muss ein Wunsch sein, der eure Liebe stärker macht, denn das ist der Wunsch der Liebe: In jedem Augenblick zu wachsen.

Stelle dir jetzt wieder vor, du bist mit einer Nabelschnur mit der kosmischen Urquelle verbunden. Du bist ganz offen für alles, was von dort kommen mag.

Warte auf eine Eingebung und notiere zwei Dinge, die du dir als Geschenk von deiner Liebsten, deinem Liebsten wünscht.

Die kosmische Flaschenpost

Fühle nach, wie der Wunsch sich in deinem Körper anfühlt. Stell dir vor, der Wunsch schwebt jetzt wie eine kosmische Flaschenpost durch den Äther und die Liebe hat ihren Spaß daran, sie ans richtige Ufer zu spülen.

Neben E-Mails, SMS, WhatsApp-Nachrichten, Facebook, Twitter und Ähnlichem hat die Liebe noch einen anderen Weg. Der bevorzugte Postweg der Liebe die kosmische Flaschenpost. Was es damit auf dich hat?

Die Liebe hat einfach andere Verkehrswege als wir Irdischen. Sie ist ja auch für ein viel größeres Gebiet zuständig. Sie vernetzt nicht nur Susi und Fred, sondern auch Susi und Konstantin, denn möglicherweise sind Susi und Konstantin das richtige Match und Fred nur eine Übergangslösung. Die Liebe vernetzt nicht nur Geschriebenes und Gesagtes, sondern auch Gedachtes, Gefühltes und Geträumtes, Bewusstes und Unbewusstes. Dazu braucht sie viele energetische Flaschen, die ins weite Meer geschickt werden. Wo sie ankommen, weiß man nicht, denn unterwegs kann viel passieren. Das Entscheidende an der Flaschenpost ist jedoch, dass sie auf magische Weise in die richtigen Hände fallen kann und das ist die Magie der Liebe: Obwohl wir unsere Wünsche ins vollkommen Unbekannte hinausschicken, treffen sie doch erstaunlich oft mitten ins Herz.

SEHNSUCHT UND OBSESSION

Eine unserer tiefsten Ängste gegenüber der Liebe ist, dass wir ohne die Liebe nicht leben können. Und das stimmt. Ohne Liebe und ohne Berührung können schon Kleinkinder nicht überleben. Und auch als Erwachsene brauchen wir ein Leben lang Nähe, Berührung und das Gefühl, geliebt und gebraucht zu werden. Man sagt uns: Du brauchst Geld, du brauchst Erfolg, du brauchst Gesundheit. Aber mehr als Geld, Erfolg und Gesundheit brauchen wir Liebe.

In der Schule sagt man uns nicht: Das Wichtigste, was ihr lernen müsst, ist, wie man genügend bekommt.

Die Welt würde anders aussehen, wenn die Liebe das Lehrfach Nummer 1 wäre.

Stattdessen gibt man uns durch die Blume zu verstehen, dass wir bedürftige Monster sind, wenn wir zu viel Liebe wollen oder in uns haben. Man mag uns lieber schnörkellos, als Lern- oder Arbeitssklaven. Lern- und Arbeitssklaven sind leichter im Umgang. Man kann sie zu Konsumenten machen oder auch zu Erfüllungsgehilfen.

Jemanden, der mit der Liebe paktiert, kann man nicht so schnell versklaven. Man kann ihn nicht zu einer Maschine machen.

Im Moment ist es so, dass wir, wenn die Liebe uns trifft, eher in Panik geraten.

Als ich dreizehn war, hat mich der Vorschlaghammer der Liebe zum ersten Mal getroffen. Ich hatte mich so sehr verliebt, dass ich keinen Hunger mehr hatte, in der Schule nichts mehr hörte, nur noch auf Wolke 7 schwebte und jahrelang auf dem Bett lag und Trance-Musik hörte. Ich erzählte niemandem von meinem Zustand, weil es einfach zu lächerlich war: Ich war verliebt wie eine rosa Wolke, die gern auf einer Harley mitfahren wollte und der Harley-Fahrer wusste noch nicht einmal etwas davon.

Ich war besessen, ich konnte an nichts anderes mehr denken und es war vollkommen aussichtslos. Er war 6 Jahre älter als ich und hatte eine Freundin mit einem richtigen Busen. Ich wollte mich hinlegen und sterben – in seinen Armen natürlich. Um in seine Arme zu kommen, musste noch ein Wunder geschehen, aber ich war zu verpeilt, um Wunder auf den Weg zu bringen und das machte das Ganze noch aussichtsloser.

Heute, 42 Jahre später, geht es mir nicht anders. Die Liebe fühlt sich immer noch an wie ein Sturz aus 5000 Metern ohne Fallschirm. Aber inzwischen gefällt mir das so.

Was gibt es Besseres als den ganzen Tag von der Liebe zu träumen? Für mich ist das Erleuchtung. Heute liebe ich nicht allein Menschen, heute liebe ich das Leben, die Heuschrecken, den Parkplatzmangel in der Stuttgarter Innenstadt und die Liebe selbst ist ein rasanter Liebhaber für mich.

Die Liebe kann nicht therapiert werden.

Ich weiß, dass es alle möglichen Therapieformen gibt für Obsessionen, Liebessüchte und Abhängigkeiten. Solange wir aber in einer so liebesunfähigen Gesellschaft leben, müssen wir es umgekehrt sehen: Alle, die nicht von der Liebe besessen sind, müssen getröstet werden.

Die Liebe ist eine große Sache und wenn wir ihr in ihrer ganzen Größe begegnen, haut sie uns um. Niemand sagt uns, dass das etwas Gutes ist.

Aber ich sage es dir jetzt: Die Liebe ist das Beste, was dir passieren kann. Egal, in welcher Form sie daherkommt.

Wenn dich der Pfeil der Liebe trifft, bist du auf dem richtigen Weg.

Psychologie und Psychotherapie suchen nach Modellen, wie sie den Menschen als Funktion beschreiben können. Die Liebe lässt sich nicht als Funktion beschreiben, nicht als Model.

Für die Liebe wird es niemals eine Wissenschaft geben oder eine Methode. Die Liebe ist vollkommen unerklärbar. Jeder Versuch, sie zu erklären, lässt sie verschwinden. Der Liebe begegnet man nicht in der Wissenschaft und auch nicht in der Therapie. Die Wissenschaft zielt auf das Objektive.

Die Liebe ist niemals objektiv. Therapie zielt auf Selbstermächtigung und psychische Gesundheit. Der Liebe ist Selbstermächtigung nicht wichtig und auch nicht psychische Gesundheit. Die Liebe will nur die Liebe. Die Liebe ist immer da unter allen Umständen. Sie tut manchmal sehr weh, aber daran können Wissenschaft und Therapie nichts ändern.

Die Liebe aber kann dir zeigen, dass du im Schmerz ihre Schönheit finden kannst.

Du kannst dich nicht von einer Obsession befreien, weil die Obsession die Art ist, wie die Liebe mit dir spricht. Und die Liebe kannst du niemals zum Verstummen bringen. Es sei denn du bist tot.

Du kannst die Liebe kennenlernen, aber ignorieren kannst du sie nicht.

Die Liebe zu ignorieren, das ist, als würdest du in einem Raum mit einem rosa Elefanten stehen und behaupten, er wäre nicht da. Bis der Elefant dir auf den Fuß tritt.

Hab keine Angst davor, zu sehr zu lieben.

Hab lieber Angst davor, zu wenig zu lieben ...

Jessica kam zu mir mit dem folgenden Anliegen: „Ich liebe Holger so sehr wie keinen Mann je zuvor. Und das ist ein großes Problem. Wenn er einmal länger nicht zurückruft, gerate ich in die schlimmsten Zustände. Ich habe dann das Gefühl, sterben zu müssen. Das ist ganz plastisch: Ich muss mich dann hinlegen und bekomme Atemnot und bin überzeugt, dass er mit mir Schluss machen wird. Dafür gibt es gar keinen Grund. Aber ich steigere mich weiter hinein. Ich male mir dann aus, dass ich sterben werde, wenn er mit mir Schluss macht. Dann werde ich trotzig wie ein kleines Kind: Ich schwöre mir, dass ich nie wieder lieben werde. Ich beschließe, mit ihm Schluss zu machen. Und mein Leben als gefühlstoter Roboter zu verbringen, weil ich dann nicht mehr diese Höllenqualen erleiden muss. Dann bin ich vollkommen deprimiert. Schließlich ruft Holger an, ich höre seine Stimme und alles ist gut. Ich sage ihm nichts davon, denn ich schäme mich und wenn er es wüsste, würde er ja vielleicht wirklich mit mir Schluss machen."

Ich stellte ihr eine einfache Frage: „Wie ist der Sex?"

Ich konnte sehen, wie sich Jessicas energetisches Setup zu einer Hawaianischen Surfwelle auftürmte und sich in einem tiefen, lauten, röhrenden Lachen erbrach.

„Phantastisch", sagte sie. „Es ist als hätten wir Versöhnungssex, obwohl es nie Streit gab."

Sie sah mich leicht verwundert an. „Naja, die Liebe ist eine Urgewalt", fuhr sie philosophierend fort. „... und es ist die Marter, durch die ich hin und wieder durch muss, absolut wert."

Mehr wollte sie von mir nicht wissen.

Wenn wir der Liebe sterbensmüde und alles verbrennend begegnen, krönt sie uns mit ihrem Glück.

Ich gehe grundsätzlich davon aus, dass wir die Liebe so brutal gezähmt und in den Käfig gesperrt haben, dass wir froh und dankbar sein können, wenn wir ein wenig Sehnsucht und Obsession erleben dürfen!

Das nächste Mal, wenn dich die Liebe wie ein hungriger Tiger anfällt, sieh dem Tiger ins Auge und sage: Ich liebe dich! Er wird dann nicht beißen, er wird sich auch nicht kuschelig neben dir niederlassen. Er wird dir wie ein Gentleman die Tür öffnen und du wirst überrascht sein.

Warum es gut ist, besessen zu sein

Es ist eine Tatsache, dass wir in der gefährlichsten aller Lagen die größte Sicherheit finden. Denn dann sind wir am Wachsten, am Fokussiertesten, dann ist unsere Überlebensintelligenz voll aktiviert und auch unsere Liebesfähigkeit.

Wir beschützen dann nicht nur uns selbst, sondern auch die anderen. Es ist ein menschlicher Urinstinkt. Auch Tiere schützen ihre Herdenmitglieder. Wir dürfen darauf vertrauen, dass wir einen gesunden Instinkt dafür haben, Situationen einzuschätzen und uns zu schützen.

Dieser Instinkt wird aber nur in seinem ganzen Umfang aktiviert, wenn wir die ganze Kraft unserer Liebe zulassen, also auch unsere Gier, unsere Sehnsucht, unsere Obsession.

Die Liebe ist eine Schule der großen Gefühle. – Der größten Gefühle.

Alle großen Taten der Menschheit waren von Liebe motiviert. Alle Kriege und Katastrophen auch.

Es gibt nur die Liebe. Alles andere ist eine Illusion. Wenn Menschen eine starke Liebeskraft entwickeln, sind sie zu unglaublichen Dingen fähig.

Deine Aufgabe

Welche großen Leistungen hast du in deinem Leben vollbracht, die von Liebe motiviert waren? Wenn du anfängst, dein Leben unter diesem Aspekt zu beleuchten, wirst du vieles finden, sehr vieles.

Diese Übung ist sehr wirksam und vielleicht möchtest du dir ein wenig Zeit dafür nehmen. Die Übung macht dir bewusst, dass du immer von Liebe motiviert bist, auch wenn du vielleicht Gründe wie Geld, Ansehen, Virtuosität, Ehrgeiz vorschiebst.

Wozu brauchst du denn Geld, wenn nicht dazu, um geliebt zu werden und zu lieben? Wozu musst du virtuos Klavier spielen oder schöner aussehen als Dornröschen?

Ich will hier nicht recht haben oder dich vorführen. Ich stelle dir die Aufgabe, weil du, wenn du dir einmal bewusst bist, dass du alles aus Liebe tust, deinen Alltag anders erleben wirst.

Du wirst dann alles, was dir passiert, alles, was du unternimmst, als Liebesgeschichte erleben. Du wirst die Liebe spüren in allem, was du tust und in allem, was andere tun.

Es wird dich sehr glücklich machen.

Und jetzt deine Aufgabe. Schreibe 5 große Leistungen auf, die du aus Liebe vollbracht hast.

♡
_____

_____

_____

_____

_____

Die Sehnsucht ist ein Geschenk

Die Sehnsucht möchte sich am liebsten selbst ab-
schaffen. Weil sie so schmerzhaft ist. Aber das kann
sie nicht, weil sie von einem starken Verlangen ange-
trieben ist: der Liebe.

Die Liebe kommt aus der Wildnis, aus der Natur.
Wir haben die Liebe nicht geschaffen, wir haben sie
nicht erfunden. Wir können sie bis zu einem gewissen Grad kontrollieren, aber wir werden nie stärker
sein als die Liebe. Genau wie wir nie stärker sein werden als die Natur.

Wenn die Liebe dich anfällt wie ein hungriger
Berglöwe, dann kannst du nichts tun als dich hingeben. Sehnsucht, das ist ein Gefressenwerden von der
Liebe. In der Sehnsucht wird dein Ich, wie du es gekannt hast, ausgelöscht. An die Stelle, wo du einmal
warst, tritt die Sehnsucht.

Die Sehnsucht kommt zu uns, wenn wir uns öffnen für eine Kraft, die größer ist als wir. Die Sehnsucht, das ist, als hätten wir das Tor geöffnet in ein Land aus goldenem Licht. Die Sehnsucht kommt, wenn wir meditieren als ein starker Sturm, der uns aus der Verankerung reißt. Die Sehnsucht nimmt alles Feste an uns und löst es auf in einen glitzernden Staub. Die Sehnsucht bringt alles in uns zum Verstummen und breitet sich als tiefe, unerschütterliche Ruhe in uns aus.

Wenn du der Sehnsucht erlaubst, dein Haus zu betreten, bist du gerettet.

Die Liebe hat zwei große Aufgaben für uns:
Die eine ist, dass sie uns lehrt der Verletzung, der Zurückweisung, dem Verlust zu begegnen.

Die andere ist, dass sie uns lehrt dem Wunsch, der Begierde, dem Verlangen zu begegnen. Und beides ist größer als wir es je erwartet haben.

Ich weiß nicht, mit was von beiden einfacher umzugehen ist. Der Verlust der Liebe kann uns alle Lebenskraft rauben. Die Sehnsucht kann so von uns Besitz ergreifen, dass wir alles andere vergessen.

Ich erzähle dir die Geschichte von Marina. Marina hatte ein erfolgreiches Büro als Innenarchitektin aufgebaut, sie hatte ihre ganze Energie dort hineingesteckt, die Kunden liebten ihre Arbeit. Dabei hatte sie ihr Privatleben vernachlässigt. Ihre Freunde waren zugleich ihre Geschäftspartner, sie war inzwischen 35 Jahre alt und hatte noch nie mit einem Mann zusammengelebt. Gelegentliche Affären wurden schnell beendet oder verabschiedeten sich von selbst, weil sie keine Zeit hatte – und man sich mit ihr nur über das Geschäft unterhalten konnte. Da trat Simon in ihr Leben.

„Ich konnte nichts dagegen tun", sagte sie. „Ich verging vor Sehnsucht nach ihm. Ich saß im Büro und schaute stundenlang zum Fenster hinaus, keine Ahnung, woran ich gedacht habe. Ich ging in die Stadt, zog von Laden zu Laden, kaufte mir Kleider und Schuhe, um mich schön zu machen für ihn, ich surfte im Netz auf der Suche nach Brautkleidern! Obwohl wir uns erst wenige Wochen kannten. Ich wusste, er war der Mann, mit dem ich mein Leben verbringen wollte, mit dem ich Kinder haben wollte, dem ich bis ans Ende der Welt gefolgt wäre. Nach einer Weile begannen meine Kunden, sich zu beschweren. Termine wurden nicht eingehalten. Meine Ideen waren immer noch gut, aber ich wurde unsauber in den Details. Die Liebesgeschichte mit Simon entwickelte sich gut, aber mir ging das viel zu langsam. Er fühlte sich bedrängt und ich verstand ihn. Ich hätte am liebsten meine Sachen gepackt und wäre mit ihm nach Hawaii ausgewandert und hätte dort nur noch mit ihm im Bett gelegen. Ich hatte das tatsächlich bis ins Detail recherchiert, davon wusste er aber nichts. Irgendwie spürt man das aber, glaube ich. Ich will ihn nicht bedrängen, aber ich kann nichts tun gegen diese übermächtige Sehnsucht. Gestern habe ich ihn gefragt, ob er sich vorstellen kann, mit mir zusammenzuziehen. Er war zögerlich. Er sagte ‚vielleicht'. Jetzt bin ich in der Hölle. Ich bin überzeugt, es ist alles vorbei und wenn es erst vorbei ist, werde ich nie wieder auf die Beine kommen."

Marina saß vor mir als wäre sie innerlich zu Asche verfallen.

„Was kann ich tun?" Sie sah auf ihre Hände als könnte sie nie wieder einen Finger heben.

„Nichts", erwiderte ich unumwunden.

Eine Mischung aus Seufzen und Schrei des Entsetzens entfuhr ihr.

„Mein Geschäft geht den Bach runter", sagte sie. „Ich verliere alle meine Kunden."

„Sie durchlaufen nur eine Verjüngungskur", erwiderte ich. „Das braucht jedes Geschäft hin und wieder. Und Simon ist Ihre kreative Muse!"

„Sie verstehen kein bisschen, worum es hier geht", fuhr sie mich an. „Es geht nicht um mein Geschäft! Das erste Mal in meinem Leben bin ich ernsthaft verliebt."

„Bisher waren sie verliebt in ihr Geschäft, jetzt sind Sie verliebt in einen Mann. Wo ist der Unterschied?"

„Wo ist der Unterschied? Ist das eine ernsthafte Frage?"

„Ja." Ich lächelte ... nicht aufgesetzt, sondern ganz ernsthaft.

„Mir wird schlecht."

„Ich bin ehrlich gesagt ganz froh, dass es Ihnen schlecht wird. Das ist ein Zeichen dafür, dass wirklich etwas im Gang ist."

„Dafür brauche ich keine Zeichen! Das weiß ich auch so!" Sie atmete tief ein und wieder aus. „Und was mache ich jetzt?", fragte sie.

„Man kann nicht über Jahre dasselbe Geschäft betreiben, eine kreative Frau wie Sie kann das nicht. Das langweilt sie doch zu Tode."

Sie sah mich konsterniert an.

„Sie sind ein sehr leidenschaftlicher Mensch", fuhr ich fort.

Sie nickte.

„Und Ihre Leidenschaft hat sich neue Wege gesucht. Sie wissen ja, dass Kreativität unberechenbar ist."

Sie nickte. „Dafür lieben mich meine Kunden."

„Dafür liebt sie auch Simon."

„Da bin ich mir nicht so sicher", erwiderte sie und alle Farbe wich aus ihrem Gesicht.

„Was glauben Sie denn, wofür er sie liebt?"

„Ich habe keine Ahnung ... darüber habe ich mir schon oft den Kopf zerbrochen. Wenn ich das wüsste ..."

„Was wäre, wenn Sie das wüssten?"

„Dann würde ich mich in das verwandeln, was ihm am meisten gefällt. Ich würde mich in alles verwandeln für ihn! Ist das nicht krank?"

„Vielleicht liebt er Sie so, wie Sie sind."

„Das glaube ich nicht!", entfuhr es ihr. Dann erstarrte sie wie ein Auto bei einer Vollbremsung. Sie schrumpfte auf die Größe einer Maus und sagte: „Ich bin nicht liebenswert, zumindest nicht für einen Mann ..., als Innenarchitektin war ich einmal begehrenswert, aber jetzt ... bin ich nichts mehr." Sie sah wieder auf ihre Hände, als hätte man sie in Handschellen gelegt.

„Es ist gut, nichts zu sein", sagte ich und ahnte, dass sie an dem Satz schlucken würde wie an einem Hummer, den sie mitsamt Schale verspeiste. Sie stand auf als wollte sie gehen und damit demonstrieren, dass sie endgültig genug hatte von diesem Coaching. Sie schien aber nicht die Kraft zu haben, denn sie ließ sich wieder in den Sessel fallen.

„Es ist alles vorbei", sagte sie. Eine lange Pause folgte.

Es wurde langsam dunkel. Marina schwieg und es geschah nichts als dass die Dunkelheit langsam hereinbrach. Ich stand auch nicht auf und machte das Licht an. Ich sagte nichts, denn was sollte ich noch sagen, nachdem ich gesagt hatte, dass es gut ist, nichts zu sein? Schließlich ging sie. Ohne ein weiteres Wort.

Zwei Wochen später kam sie wieder.

„Ich habe den Exit-Knopf gefunden", sagte sie.

Ich war neugierig und servierte ihr einen Tee.

„Was Sie gesagt haben: Dass meine Leidenschaft für Simon und für mein Geschäft dasselbe sind, das hat mir zu denken gegeben. Es kommt aus dergleichen Quelle. Ich arbeite jetzt anders. Ich habe jemanden eingestellt, der sich um die Details der Umsetzung kümmert, ich beschäftige mich mit den Visionen. Da ist Simon tatsächlich eine erstklassige Muse. Er mag meine Verrücktheit. Ich habe ihn gefragt. Er sagte: Ich wäre die ungewöhnlichste Frau, die ihm je begegnet wäre. Ich dachte dann gleich wieder, bestimmt macht er jetzt Schluss, denn wer will schon mit einer ungewöhnlichen Frau zusammen sein? Das habe ich ihm gesagt. Er sagte dann: Er könne sich mit mir alles vorstellen. Er bräuchte nur noch ein wenig Zeit. Er wäre einfach nicht so schnell wie ich. Er bat mich um Geduld. Das mache ich natürlich gern, denn ich würde ja alles für ihn tun."

Ihr Gesicht nahm einen sehr hellen Ausdruck an, als hätte sie eine Supernova im All explodieren sehen.

„Das ist die Liebe", sagte sie. „Ich hätte nie gedacht, dass sie sich so anfühlen würde, aber das ist sie. Ich bin wahnsinnig glücklich."

Sie stand auf und umarmte mich und ging. Den Tee hatte sie nicht berührt.

Eine ungewöhnliche Frau.

DIE LIEBE VERPFLICHTET

DICH ZU NICHTS

Ob die Liebe als Schmerz und Verletzung kommt oder als Obsession, in beiden Fällen ist die Liebe größer als du. Und weil sie das ohnehin ist, werden wir ihr in der einen oder anderen Form begegnen, früher oder später, und sie wird uns zu einem anderen Menschen machen.

Ich weiß nicht, ob ich dich beglückwünschen soll, wenn du der Liebe noch nie in ihrer gewaltigen Urkraft begegnet bist. Ich beglückwünsche dich lieber, wenn du gerade vor Schmerz eingehst oder vor Glück vollkommen davongefegt wurdest von ihr.

Denn die Liebe wird dich durch den Sturm tragen und am Ende wirst du etwas finden, das dich stark und weise macht.

Wenn wir uns unsterblich verlieben in einen Menschen, in ein Tier oder in eine Berufung, dann haben wir ein Problem. Um ein konkretes Beispiel zu nehmen: Wir sind Popstar und haben Kinder. Wir lieben beides: Unser Leben auf der Bühne, heute hier und morgen dort und unsere Kinder, die ein stabiles Umfeld mit festen Freunden an einem festen Ort bevorzugen. Entweder unsere Liebe zur Musik leidet oder unsere Liebe zu den Kindern. Oder wir sind verheiratet und finden die Liebe unseres Lebens, unseren Seelenzwilling, der zufällig der Geschäftspartner unseres Ehemannes ist. In der Liebe ist alles möglich und manchmal kommt das *ALLES* mit einem 100-seitigen Anwaltsschreiben voll Kleingedrucktem.

Man muss sich die Liebe als einen lauen Sommerwind vorstellen, der sich in 5 Minuten in einen Orkan verwandeln kann. Wer schon einmal, wie ich, ein Jahr in Wyoming, USA, verbracht hat, weiß, dass das problemlos möglich ist.

In dieser Situation muss man zwei Dinge wissen: Man kann der Liebe genauso wenig ausweichen wie einem Sturm in der Prärie. Die Frisur ist hin, so oder so.

Und zweitens: Die Liebe hat einen anderen Begriff von Pflicht.

Die Liebe ist eine göttliche Kraft, die unseren Weg auf der Erde bestimmt. Für jede und jeden zeigt sie sich in einer anderen Gestalt. Wie, das können wir nicht wissen, denn die Liebe ist dasjenige, das uns selbst unbekannt ist. Wir wissen nicht, wohin uns die Liebe führt, wir wissen nicht, ob unsere Liebesgeschichte gut ausgeht oder tragisch. Die Liebe ist uns immer einen Schritt voraus. Wenn wir den Ruf der Liebe hören und ihm nicht folgen, wird sich die Liebe andere Wege suchen, uns und unser Leben zu führen.

Was machen wir zum Beispiel, wenn wir zerrissen sind zwischen zwei Lieben?

Ich möchte dir die Geschichte von Gerhard erzählen:

Viele Jahre träumte Gerhard davon, auf einer Ranch in Wyoming zu leben und Rinder zu züchten. Er war Ingenieur bei Daimler und lebte in Stuttgart mit seiner Frau und zwei Kindern. Alle zwei Jahre verbrachte er allein zwei Wochen auf seiner Lieblingsranch in den USA.

Da passierte es: Die Ranch stand zum Verkauf und Gerhard verliebte sich unsterblich in eine Amerikanerin, die denselben Traum hatte wie er. Gerhard hatte Geld geerbt, mit dem er seine Familie finanziell versorgen konnte. Die Kinder waren erwachsen. Er wanderte aus. Zwei Jahre später erkrankte seine geschiedene Frau an Krebs. Er kehrte nach Deutschland zurück. Ich lernte ihn auf einer Party kennen, wo er mir seine Geschichte erzählte.

„Es war unerträglich, zu wissen, dass Sandy, meine Partnerin in Wyoming, litt und zugleich die innere Gewissheit zu haben, dass ich bei meiner geschiedenen

Frau sein musste, mit der ich mein Leben verbracht hatte. Ohne zu wissen, wie lange sie mich an ihrer Seite brauchen würde. Es gibt aber eines, für das ich unendlich dankbar bin und was vielleicht nicht viele Menschen verstehen. Die meisten in meinem Umfeld und auch diejenigen, denen ich meine Geschichte erzähle, denken heimlich ich bin ein Schuft, weil ich meine Frau verlassen habe und nun kehre ich reuevoll zurück. Aber so war es nicht. Ich bin nach Wyoming gegangen, weil die Liebe mich gerufen hat, die Liebe zu Sandy und die Liebe zur Prärie und ich bin zurückgekehrt, weil mich die Liebe wieder gerufen hat, die Liebe zu meiner Frau. Das hatte nichts mit Pflicht oder Reue zu tun. Aus Pflicht wäre ich nicht gekommen. Das wäre nicht fair gewesen gegenüber Martina. Damit hätte ich nichts für sie tun können. Es war Liebe. Der Wunsch, für sie da zu sein in ihrer größten Herausforderung war größer als mein Traum von der Prärie. Auch wenn ich den Traum von Wyoming nicht mehr leben kann, werde ich es nicht bereuen. Es gibt etwas, das größer ist als unsere Pläne und Träume und das ist die Liebe. Wohin sie uns führt, das wissen wir nicht. Das kann sich in jedem Augenblick neu entscheiden. Das ist eine ziemlich taffe Sache, wenn man es ernst nimmt, aber ich glaube, es ist die einzige Möglichkeit, die wir als Mensch haben."

Entscheidung zwischen Pflicht und Liebe

Ich war beeindruckt von diesem Mann. In seinen Augen konnte ich etwas sehr Weises lesen und ich hatte den Gedanken, dass ich ihm überall hin folgen würde. Ich hatte Vertrauen in seine Führungskraft. Ich konnte die Menschen verstehen, die ihn verurteilten, die ihm Wankelmütigkeit vorwarfen. Gerhard wirkte wankelmütig für jene, die sich an den Ereignissen orientierten. Aber nicht für jene, die nach seinen Beweggründen fragten.

Manchmal stehen wir, so scheint es, vor der Entscheidung zwischen Pflicht und Liebe. Pflicht, das sind die ethischen Grundsätze, die wir unserem Leben zugrunde gelegt haben. Liebe, das ist die unvorhergesehene Richtung, die unser Herz einschlägt. Es gibt aber noch etwas Drittes: Wir tun etwas aus Pflicht zur Liebe. Das ist dann etwas vollkommen anderes. Das war die Pflicht, der Gerhard folgte: Die Pflicht, dem Ruf seines Herzens zu folgen.

Seine Geschichte beschäftigte mich eine ganze Weile.

Was passiert, wenn wir uns dem Ruf unseres Herzens verpflichten?

Dann müssen wir anfangen, uns zu fragen, warum wir die Dinge tun, die wir tun. Warum wir das Leben führen, das wir führen. Warum wir mit den Menschen zusammen sind, mit denen wir zusammen sind. Tun wir, was wir tun, denken wir, was wir denken, weil es unsere Gedanken sind oder die anderer? Handeln wir, wie wir handeln, weil wir es so gelernt haben oder weil es unserer Natur entspricht? Treffen wir unsere Entscheidungen aus Mut oder aus Angst?

Aus Pflicht zu handeln, so zu handeln, wie andere es von uns erwarten, wie die Gesellschaft es von uns erwartet, hat etwas Tröstliches. Wir glauben dann, wir haben nichts falsch gemacht. Wir werden getragen von den anderen, die unsere Maßstäbe teilen. Aber finden wir hier Liebe?

Die Pflichten, die wir zu übernehmen lernen, wurden einmal errichtet, um der Liebe einen Raum zu geben, ein Haus, ein Zuhause. Zu dem Zeitpunkt, wo wir sie ausführen mit Pflichtgefühl, hat sich die Liebe schon davon gemacht. Die Liebe braucht jeden Tag ein neues Haus. Unsere alten Liebespflichten werden zu Liebeslasten. Wir tragen jeden Tag schwerer an ihnen. Wir tragen sie weiter, weil wir von anderen, zwar nicht Liebe, aber dafür Bestätigung bekommen. Aber davon kann man auf die Dauer nicht leben.

 *Deine Aufgabe*

Ich bin sicher, du kennst Gemeinschaften, in denen die Pflicht, das Einhalten von Regeln ein lähmendes, kraftraubendes Umfeld erzeugt. Schon wenn du dich an diese Orte annäherst, hast du das Gefühl, die Energie würde aus dir heraus gesogen. Es fällt dir sehr schwer, dich zu motivieren, dort deinen Beitrag zu leisten. Du tust es dennoch. Oder du tust es nicht und hast dann ein schlechtes Gewissen. Du findest Rechtfertigungen, du redest dir alles Mögliche ein und hast alle möglichen, fadenscheinigen Ausreden.

Bitte beschreibe eine solche Gemeinschaft, an der du Anteil hast, mit ein paar Sätzen. Was daran ist so lähmend?

♡

_____

_____

_____

_____

_____

Ich kann mir vorstellen, dass deine Energie jetzt im Keller ist, weil du dich mit dieser lähmenden Pflicht beschäftigt hast. Wie kommst du da wieder raus?

Bitte stelle dir jetzt eine Gemeinschaft vor, in der alle begeistert und inspiriert sind und voller Freude zusammen arbeiten.

Was ist an dieser Gemeinschaft so begeisternd?

♡

_____

_____

_____

_____

_____

Diese Übung ist dazu gedacht, dich den Unterschied fühlen zu lassen. Das eine Mal wird die Gemeinschaft zusammengehalten von lähmender Pflicht, das andere Mal von Lebendigkeit. Eine Gemeinschaft, die von lähmender Pflicht zusammengehalten ist, ist zum Untergang verurteilt.

Ihre Energie wird immer mehr abnehmen, bis sie auseinanderfällt. Sie wird jene Mitglieder verlieren, die dem Lebendigen zugewandt sind, die Energie bringen, statt diese nehmen. Diese Mitglieder werden sich abwenden, weil sie ihre Energie in dieser Umgebung verlieren und weil sie ihre Energie lieber irgendwohin tragen, wo sie wachsen kann. Sie tun es aus Selbstschutz.

Die Liebe ist immer auf den Erhalt von Leben ausgerichtet. Die Liebe lebt von Lebendigkeit. Die Liebe ist Energie, deshalb überlebt sie, deshalb gewinnt sie, deshalb verabscheut sie Regeln.

Die Liebe bringt ihre eigenen Regeln hervor, in jedem Augenblick sind es Neue. Denn die Regeln dienen der Liebe und nicht die Liebe den Regeln.

Deshalb ist es unsere erste Pflicht, der Liebe zu folgen und nicht den Regeln.

Wenn wir der Liebe folgen, werden wir nicht belohnt, wie wir belohnt werden, wenn wir unsere Hausaufgaben gemacht haben. Wir sind der Liebe gegenüber zu nichts verpflichtet. Und die Liebe ist uns gegenüber zu nichts verpflichtet.

Die Liebe verlangt von uns nicht, eine Pflicht zu erfüllen. Die Liebe verlangt einzig und allein, dass wir das, was wir tun, aus Liebe tun.

Wenn wir etwas aus Pflicht tun, tun wir es nicht aus Liebe, es sei denn, wir tun es aus Liebe zur Pflicht. Wenn wir es aus Pflicht und ohne Liebe tun, sind wir zum Untergang verurteilt, denn Pflicht raubt uns unsere Kraft.

Liebe dagegen macht uns stärker. Wenn wir überleben wollen, müssen wir lieben. Den Unterschied zu erkennen, das ist unsere Überlebenskunst.

Das ist die Kunst der Liebe.

Eine letzte Aufgabe für diese Lektion der Liebe:

Bitte beobachte dich selbst während eines typischen Tages in deinem momentanen Leben und beantworte diese Frage:

Überwiegt an diesem Tag die energieraubende Pflicht oder die energiespendende Liebe?

Pflicht ☐

Liebe ☐

Danke für deine Ehrlichkeit!

DIE WUNDEN
DER LIEBE

TRAU DICH ZU FÜHLEN, EGAL WAS!

Die Liebe ist das größte Abenteuer, auf das wir uns in unserem Leben begeben können. *Abenteuer* ist ein anderes Wort für *Risiko*. In Deutschland wird heute jede 2. Ehe geschieden. Partnerschaften zerbrechen, geliebte Menschen werden krank, sie sterben oder verlieben sich in eine oder einen anderen.

Wir richten uns auf das Zusammenleben mit einem geliebten Menschen ein, ziehen in die Stadt, in der er oder sie lebt, suchen uns eine entsprechende Arbeit, teilen unsere Finanzen, haben einen gemeinsamen Freundeskreis, Kinder, Haustiere, Verwandte – und dann ist Schluss. Es gibt unzählige Varianten, wie eine Liebe scheitern kann.

Die Liebe ist das größte Risiko, das wir eingehen können. Jeder, der sich darauf einlässt, wird Höllen-

qualen erleiden. Jeder, der sich nicht darauf einlässt, wird vor Neid auf die Qualen anderer eingehen.

Früher oder später landen wir alle in den Armen der Liebe. Schließlich kommen wir von da. Ich erzähle dir die Geschichte von Albert.

Albert war ein ungewöhnlich begabter Erfinder. Er hatte eine Stelle als Professor für theoretische Physik und entwickelte Formeln, die die Wissenschaft aus den Angeln hoben. Seine besondere Gabe war es, Dinge, die sonst getrennt betrachtet wurden, in Einklang zu bringen. Auch wenn Albert von vielen Menschen umgeben war, die ihn bewunderten, so hatte er doch keinen einzigen richtigen Freund. Seine Frau und seine Kinder sah er so gut wie nie, er wusste gar nicht, was in ihrem Leben wichtig war.

Eines Tages wurde ein junger Forscher an seiner Universität zum Professor ernannt. Die Theorien dieses Kollegen waren so ungewöhnlich, dass Albert die Welt nicht mehr verstand. Er war sicher gewesen, dass es nichts gab, das er nicht wusste, aber die Theorien dieses Mannes waren selbst für Albert neu. Alberts neugieriger Geist machte sich sofort daran, herauszufinden, was sich dahinter verbarg.

Er entdeckte einen Mann, der einen großen Kreis von echten Freunden genoss und mit einer Frau zusammenlebte, die er innig liebte. Thomas war alles andere als der überdisziplinierte, sich selbst kasteiende Wissenschaftler, der nur für seine Forschung lebte. Kurz darauf erlitt Albert einen Motorradunfall, er brach sich den Oberschenkelhals und musste längere Zeit in einer Klinik verbringen. Dabei wurde ihm bewusst, dass er für die vielen Menschen, die ihn besuchten, keinerlei Gefühl empfand.

Ihm wurde auch bewusst, dass sie vielleicht Gefühle empfanden, aber nicht für ihn, so wie er wirklich war, sondern nur für eine öffentliche Version seiner selbst. Die Einsamkeit, die ihn überfiel, war so mächtig, dass er glaubte, nicht weiterleben zu können. Alles erschien ihm sinnlos, sein Leben schien vergeudet, seine Forschungen wertlos. Er hatte nach der universellen Formel gesucht und sie verpasst.

Der einzige Lichtblick war Schwester Maria, eine kroatische Krankenschwester, die ihm Essen brachte und, wenn ihre Zeit es zuließ, kleine Gespräche mit ihm führte. Maria schien genau zu spüren, wie es ihm ging. Sie fühlte seine ganze Einsamkeit, seine Angst, seine Unsicherheit - und nicht nur das: Sie fühlte seine Größe.

Aber es war eine andere Größe als die des angesehenen Wissenschaftlers - es war menschliche Größe. Auch Maria empfand Bewunderung für ihn - nicht wegen seiner wissenschaftlichen Leistungen, sondern für ihn als Mensch - und als Mann.

Das war etwas vollkommen Neues für Albert. Und er verliebte sich, wie er sich nie zuvor verliebt hatte. Mit derselben Leidenschaft, mit der er seine Wissenschaft betrieben hatte, liebte er jetzt Maria.

Dann erfuhr er, dass sie verheiratet war und zwei Kinder hatte. Er spürte, dass sie auch Gefühle für ihn hatte, aber auch hin- und hergerissen war zwischen ihm und ihrem Mann.

Eines Tages erschien ihr Mann an seinem Bett und sprach eine bewegende Bitte an ihn aus:

> *„Nimm sie mir nicht weg, nur weil du es könntest. Für dich ist sie nur eine Affaire, für mich ist sie mein Leben."*

Zum ersten Mal in seinem Leben spürte Albert den Schmerz der Liebe. In dieser Situation lernte ich ihn in einem meiner Workshops kennen. Er hielt zunächst nicht viel von dem, was ich sagte und tat. Er kannte sich in diesen Dingen nicht aus und die Tatsache, dass er hauptsächlich von Frauen umgeben war, machte das Ganze auch nicht vertrauenswürdiger.

Ich bin aber bekannt dafür, dass ich mich nicht von schönen Ausreden blenden lasse. Ich weiß, dass es den Menschen besser geht, wenn sie sich den Schmerz zum Freund machen, anstatt zum Feind. Auch wenn es sehr viel Mut braucht für diese Art von Freundschaft. Albert hatte ihn. Er ging zurück ins Leben als ein anderer Mensch.

Einige Zeit nach dem Workshop sandte er mir einen Brief, mit einem Zitat von Albert Einstein, der sein großes Vorbild war:

„Wenn die Wissenschaftler nach einer einheitlichen Theorie des Universums suchten, vergaßen sie die unsichtbare und mächtigste aller Kräfte. Diese Kraft erklärt alles und gibt dem Leben einen Sinn in Großbuchstaben. Dies ist die Variable, die wir zu lange ignoriert haben, vielleicht, weil wir vor der Liebe Angst haben, weil es die einzige Macht im Universum ist, die der Mensch nicht gelernt hat, nach seinem Willen zu steuern."

Darunter hatte Albert notiert:

„Es ist besser zu fühlen als nicht zu fühlen, egal wie schlimm die Gefühle sind."

Er besuchte mich dann noch einmal zu einem Coaching. Albert war der Älteste von 4 Söhnen gewesen. Als Kind hatte er die Erfahrung gemacht, dass er immer nachgeben musste, mit der Begründung „der Klügere gibt nach". Wenn er ein Spielzeug besonders mochte und einer seiner Brüder ein Riesengezeter anfing, weil er das Spielzeug auch wollte, sagte seine Mutter: „Gib es ihm halt, der Klügere gibt nach."

So lernte er, seine Gefühle an nichts zu binden, weil früher oder später jemand kommen würde und es ihm wegnehmen würde und auch noch recht bekommen. Etwas Ähnliches widerfuhr ihm in seiner Liebe zu Maria. Wieder kam jemand, der sie ihm wegnahm.

Wieder sollte er der Klügere sein, der nachgab. Ihm wurde bewusst, wie alt dieser Schmerz war und wie tief er saß.

„Es war das Schlimmste, was ich je aushalten musste", sagte er mir am Ende des fünftägigen Workshops. „All die Streitereien, Machtkämpfe und Intrigen an der Uni sind nichts dagegen. Ich wollte einfach nur sterben. Es dauerte eine Ewigkeit bis ich begriff, dass ich nicht sterben wollte, sondern dass ich nur wollte, dass der Schmerz aufhört. Für diese analytische Leistung, so banal sie anderen erscheinen mag, hätte ich nach meinen Maßstäben, den Nobelpreis verdient. Einen weiteren Nobelpreis hätte ich verdient für die bahnbrechende Entdeckung, dass es besser ist zu fühlen als nicht zu fühlen, egal wie schlimm diese Gefühle sind. Im Rückblick kann ich sagen: Der junge Kollege, der mich so neidisch gemacht hat und Maria, die mein Herz gebrochen hat, waren Gesandte des Himmels, denn durch sie bin ich aufgewacht. Ich kann jetzt fühlen … und das ist als würde ich eben erst geboren."

Eine Frage an dich:

Wann warst du schon einmal neidisch auf jemanden, der etwas fühlen konnte, was du nicht fühlen konntest? Jemanden, der liebte oder geliebt wurde, wie du es noch nie erfahren hast. Jemanden, der Glück empfand, wie du es bisher nicht gekannt hast. Bitte finde eine solche Situation und schreibe sie auf.

♡

_____

_____

_____

_____

_____

In dieser Lektion der Liebe möchte ich Werbung machen für die unangenehmen Gefühle, die uns die Liebe beschert. Die Formel ist ganz einfach:

Lieben lernen ist fühlen lernen. So wie du den Schmerz fühlst, fühlst du auch die Liebe.

Die Liebesgeschichte der meisten Menschen geht ungefähr so:

Wir werden geboren als vollkommen liebende Wesen. Wir sind abhängig davon, dass man uns ernährt, schützt und liebt. Wir sind abhängig von Menschen, die schon länger gelebt und geliebt haben und die eine oder andere Wunde der Liebe davongetragen haben. Bald haben auch wir kleine oder größere Wunden der Liebe. Unsere Liebe ist aber so mächtig und so erfinderisch, dass wir immer neue Wege finden, zu lieben.

Auch wenn Liebe bedeutet, ganz still zu sein und nichts zu wollen. Wenn wir die Liebe nicht in der unmittelbaren Beziehung zu Menschen finden, finden wir sie in Gott, in der Wissenschaft, in der Natur oder in uns selbst. Die Möglichkeiten, Liebe zu finden, sind unendlich. Das stärkste Gefühl in der Liebe finden wir jedoch in der Nähe zu einem anderen Menschen oder Lebewesen. Unser Körper braucht die Nähe von anderen, um Liebe zu fühlen.

Unser Körper kennt grundsätzlich zwei Gefühle: Wohlgefühl und Schmerz. Unser Körper sucht das Wohlgefühl und vermeidet den Schmerz. Egal wie erfinderisch und anpassungsfähig wir sind in unserer Suche nach dem Wohlgefühl der Liebe, wir begegnen immer wieder Liebesentzug, Lieblosigkeit, aggressiver Zurückweisung oder aggressivem Angriff und Zerstörung.

Unser Körper fängt an, sich zu schützen. Mit den Mauern, die wir bauen, um uns zu schützen, bauen wir gleichzeitig unser Gefängnis. Irgendwann merken wir, dass wir uns eingeschlossen haben. Wir fühlen uns einsam, abgeschnitten, wir erreichen die anderen nicht mehr und träumen irreale Träume. Wenn wir uns dann wieder öffnen, erleiden wir wieder Verletzungen, ein scheinbarer Teufelskreis.

Wir lernen die Liebe über den Schmerz kennen

Während unser Körper viel unternimmt, um sich vor dem Schmerz der Liebe zu schützen, hat unser Körper zugleich das überlebensnotwendige Bedürfnis, Liebe zu erfahren. Wenn wir dem Körper vollkommen vertrauen, führt er uns auf den Weg der Liebe zurück.

Dem Körper vertrauen heißt, dem Körper zuhören. Konkret heißt das, zu spüren, wann es im Bauch kribbelt, wann der Nacken schmerzt, wann die Schultern sich hochziehen.

Das ist die Sprache der Liebe, wie sie sich im Körper zeigt. Weil Schmerzsignale stärker sind als Wohlfühlsignale, weil Schmerzsignale uns dringender zum Handeln auffordern als Wohlfühlsignale, lernen wir die Liebessprache unseres Körpers zunächst über den Schmerz kennen.

Hier liegt der Grund, warum dieses Kapitel eines der Wichtigsten im ganzen Buch ist und der Grund, warum du in diesem Buch über die Liebe ständig mit dem Liebesschmerz belästigt wirst. Weil wir alles tun, um den Schmerz zu vermeiden, fühlen wir auch die Liebe nicht. Wenn wir die Liebe fühlen wollen, müssen wir lernen, den Schmerz wahrzunehmen, intensiver wahrzunehmen und noch intensiver wahrzunehmen.

Dabei lernen wir zu fühlen und wenn wir erst fühlen, fühlen wir auch die Liebe intensiver und noch intensiver und noch intensiver.

Die Liebesgeschichte der meisten Menschen geht so:

Wir fühlen die Liebe, wir fühlen den Schmerz, wir fühlen die Liebe, wir fühlen den Schmerz, wir fühlen die Liebe ...

Wenn man genauer hinsieht, geht die Geschichte so: Wir fühlen die Liebe, wir fühlen den Schmerz, wir wollen den Schmerz nicht fühlen, wir verdrängen den Schmerz, wir fühlen die Liebe nicht mehr, wir fühlen den Schmerz, keine Liebe zu fühlen, wir sterben langsam innerlich, unser Leben geht vor die Hunde, wir fühlen aus purer Not, in der puren Not fangen wir wieder an zu fühlen, wir fühlen Liebe, wir fühlen den Schmerz ...

 *Deine Aufgabe: Schreibe eine kleine Liebesgeschichte*

Finde eine Geschichte in deinem Leben, in der du den Schmerz der Liebe gefühlt hast und das Glück der Liebe. Schau mal, ob du eine Geschichte mit Happy End finden kannst, also eine Geschichte, in der du am Ende Liebesglück gefühlt hast.

Wenn du gerade mitten in einer sterbensunglücklichen Liebesgeschichte steckst, was ja sein kann, denn deshalb hast du ja vielleicht dieses Buch gekauft, schreibe eine Geschichte mit Unhappy End, also eine Tragödie. Tragödien sind auch sehr schöne Geschichten und das Aufschreiben allein ist ein Weg zurück zur Liebe.

♡
_____

_____

_____

_____

_____

Ich hoffe, du hast richtig viel gefühlt: Glück und Schmerz!

Das wünsche ich dir: Dass du dich einfach traust, zu fühlen, egal was!

DIE ZURÜCKWEISUNG IST AM SCHLIMMSTEN

Wir können also lernen, wieder zu fühlen oder mehr zu fühlen, durch den Schmerz. Wir erleben diesen Moment, wo die Liebe wieder da ist oder noch größer da ist als zuvor. Und dann kommt unweigerlich die nächste Zurückweisung, der nächste Schmerz. Das möchte ich mir mit dir genauer anschauen.

Was passiert denn genau, wenn unsere Liebe zurückgewiesen wird?

Wir haben uns geöffnet für die Liebe oder die Liebe hat uns geöffnet für ein anderes Wesen und wir sind im Glück. Die eine oder der andere erwidert unsere Gefühle.

Eine Zauberfee hat uns mit ihrem Zauberstab berührt und egal, was wir tun, ob unser tolles Outfit total vom Regen verhunzt wird, ob wir mit einer Hand am Fels über einem gähnenden Abgrund hängen oder die falsche Eissorte bestellt haben, nichts kann unsere Glückseligkeit trüben. Wir scheinen für immer auf die Umlaufbahn der Liebe geschossen worden zu sein.

Dann kommt das, was die Liebesromane so spannend macht: eine Nachricht wie, dass unser Geliebter verheiratet ist oder eine Nachricht, dass er oder sie plötzlich mit jemand anderem auf der Umlaufbahn der Liebe kreist – oder gar keine Nachricht mehr. Die Varianten sind vielfältig, frag einen Liebesromanautor, der jeden Tag neue erfindet oder schau dich einfach nur ein wenig in deinem Freundeskreis oder im Leben um.

Wie auch immer, das tolle Liebesgefühl ist weg und statt Schmetterlingen hast du Rasiermesser im Bauch.

Vorher hast du den ganzen Tag an schöne Dinge gedacht, jetzt denkst du den ganzen Tag an schreckliche Dinge.

Egal, wie die äußeren Umstände aussehen, der energetische Vorgang ist immer derselbe:
Wir sind tief verbunden mit einem anderen Wesen und plötzlich bricht die Verbindung ab.

Dass wir Verbindungen eingehen, dass diese Verbindungen sich ändern oder abbrechen, ist unvermeidlich. Wir müssen nur einen Weg finden, wie wir damit umgehen können, ohne langsam, – oder schnell – zu sterben.

Ich werde jetzt deine Zeit ein wenig in Anspruch nehmen, um dich fühlen zu lassen, welchen Schaden die Zurückweisung von Liebesgefühlen anrichten kann. Das tue ich nicht, um dich zu quälen, sondern damit du besser verstehst, warum es wichtig ist, sich mit einer Lösung zu beschäftigen.

 ## *Deine Aufgabe*

Bitte erinnere dich an eine Episode in deinem Leben, wo jemand dir eine Absage erteilt hat, Schluss gemacht hat, deine Liebe zurückgewiesen hat. Wie hat sich das angefühlt? Bitte mach ein paar Notizen:

♡

_____

_____

_____

_____

_____

Hier ein paar Beispiele:

- » Es hat dir Energie geraubt.
- » Du hast dich ohnmächtig gefühlt.
- » Dein Selbstwert war angeschlagen.
- » Du hast dich orientierungslos gefühlt, du warst verwirrt.
- » Du hast versucht, den Kontakt wiederzufinden und es ist dir nicht gelungen.
- » Du hast Schwüre geleistet, dass du nie wieder ...
- » Du warst wütend.
- » Du hast nach Rache gesonnen.
- » Du hattest Angst, dass dich nie wieder jemand lieben wird.
- » Du hattest Angst, dass etwas nicht mit dir stimmt.
- » Es war die peinlich vor anderen.
- » Du hast dich geschämt vor anderen, die es mitbekommen haben oder mitbekommen könnten.
- » Du hast dich wie eine Versagerin / ein Versager gefühlt.
- » Du hast es dir schöngeredet.
- » Du hast dem anderen die Schuld zugeschoben.
- » Du hast dem anderen alles Mögliche unterstellt und sie oder ihn zum Psychopathen erklärt.

- » Du hast dich in dein Zimmer eingesperrt und deine Wunden geleckt.
- » Du hast vierzehn Tage weinend auf dem Sofa verbracht.
- » Du bist depressiv geworden.
- » Du hast andere dafür leiden lassen ...

Das ist nur eine Auswahl. Was alle diese Reaktionen gemeinsam haben: **Du warst blockiert.**

Und das ist die Lösung:

Wenn deine Liebe zurückgewiesen wird, gibt es nur eine Möglichkeit: **Du musst dich bewegen.**

Wenn du so erschüttert und gelähmt bist, dass du dich nicht bewegen kannst, musst du anfangen, alles, was du tust, als Bewegung zu sehen.
Weinend auf dem Sofa zu liegen ist auch eine Bewegung. Sterben wollen ist auch eine Bewegung.
Eines passiert immer, egal, wie tot du bist oder wie tot du dich stellst: Die Zeit vergeht. Zeit ist Bewegung. Genauso wie die Liebe nicht ewig gleich bleibt, bleibt auch der Liebesschmerz nicht ewig gleich.

Die Dauer deines Liebesschmerzes steht in direkter Beziehung zu der Geschwindigkeit, mit der du dich bewegst.

Je schneller du dich bewegst, desto schneller geht der Schmerz vorbei.

Egal, was du tust, fang einfach damit an.

Du wirst dann schon merken, was dir guttut und was nicht. Tu etwas! Hol dir Hilfe!

Dieses Buch durchzuarbeiten ist auf jeden Fall schon ein sehr guter Schritt.

 ## Deine Aufgabe

Wenn du im Augenblick in einer Liebesblockade steckst, weil jemand deine Liebe zurückgewiesen hat, finde eine Möglichkeit, etwas zu tun, das dich aus der Blockade herausbringt und dich ein neues Gefühl fühlen lässt, egal ob es unangenehm oder angenehm ist: Es muss eine Entdeckung sein, etwas Neues, das du zuvor noch nicht gefühlt hast.

Wenn du im Augenblick keine Liebesblockade an dir entdecken kannst, atme einmal tief ein und einmal tief aus und fühl dich ein wenig in dir um.

Du findest sicher eine und es lohnt sich immer, den inneren Blockadenspeicher ein wenig auszumisten.

Mach bitte ein paar Notizen über deine Erfahrung. (Du weißt ja, aufschreiben bringt die Dinge in Bewegung):

♡

In dir ist Bewegung, auch wenn du vor lauter Blockade keine eigene mehr hast.

Ich möchte dir die Geschichte von Ulrike erzählen als ein Beispiel dafür, wie Bewegung jemandem das Leben gerettet hat.

Ulrike war eine ganz normale Frau mit einem ganz normalen Leben, einem Mann, mit dem sie schon 30 Jahre zusammenlebte und zwei ganz bezaubernden Kindern, die gerade dabei waren, flügge zu werden. Es ging ihr gut, die Liebe war ganz und gar auf ihrer Seite und so konnte sie auch für viele andere da sein. Sie schrieb Bücher und coachte Menschen als Persönlichkeitstrainerin. Dann beendete ihr Mann und Gefährte die Beziehung.

Jetzt war alles zu Ende: die Liebe, das Leben, die Arbeit, die Zukunft, alles. Sie verlor ihr Gehör und lief eingemauert in einen kalten, schalldichten Raum durch die Welt ohne jede Hoffnung. Menschen, die ihre Hand nach ihr ausstreckten, erreichten sie nicht. Sie zog in ein kleines Zimmer in einer WG in einer unbekannten Stadt und verbrachte ihre Tage mit heruntergelassenen Rollläden, meist auf dem Sofa. Entweder sie weinte oder sie war wie gelähmt.

Die Liebe, die ihr Halt, ihr Schutz, ihre Tankstelle, ihr Raum der Wärme und Geborgenheit gewesen war, hatte sich verabschiedet. Es schien, dass nichts übrig geblieben war.

Nach einer Weile wurde ihr bewusst, dass sich nichts ändern würde, wenn sie sich nicht bewegte. Gegenüber von ihrem WG-Zimmer war ein Starbucks Café, aber sie konnte sich noch nicht einmal einen Café Mocha bestellen, weil sie verdammt noch mal nichts hörte. Sie stand vor der Entscheidung, sich ein Schild umzuhängen, auf dem stand: „Bitte sprechen Sie nicht mit mir, ich bin taub" oder es ganz bleiben-zulassen. Was? Alles.

Ulrike war ein Coach, der sich selbst nicht helfen konnte.

Noch schlimmer war, dass sie als Coach ja ständig andere Menschen aus dem Sumpf zog und jetzt bei sich selbst einfach nicht den Hebel fand. Das Auflösen von blockierenden Glaubenssätzen, mit dem sie in ihrer Arbeit sonst so erfolgreich war? Da gab es nur einen Glaubenssatz, der alle anderen dominierte: „Ich will nicht mehr leben" und der ließ sich nicht umkehren in etwas Erleuchtendes. Die Arbeit mit Gefühlsprozessen, in der unangenehme Gefühle in Kraft verwandelt wurden? Ein übles Gefühl folgte auf das Nächste und eine Verwandlung war in einer Million Jahre nicht in Sicht. Die Arbeit mit Körperprozessen, die das Zentrum ihrer Kompetenz als Coach darstellten: Schmerz, noch mehr Schmerz, Lähmung, Taubsein, traumatische Angst, Dissoziation, Gefühllosigkeit. ... Der Körper hatte sich zu großen Teilen aus der Gegenwart verabschiedet und alles Vertrauen in seine Bewohnerin Ulrike verloren. Es würde sehr viel Überzeugungsarbeit kosten, ihn zurückzuholen.

Ulrike war durch alle Raster und Etagen durchgefallen und lag wie eine Luftmatratze ohne Luft in einem dunklen Verlies, dessen Schlüssel jemand verloren hatte.

Eines hatte sie aber gelernt: Bewusstsein ... ist eine bewegte Sache. Wenn man sich ins Bewusstsein hineinfallen ließ oder es auch nur ganz still beobachtete, bewegte sich etwas. Das Perpetuum mobile der menschlichen Existenz war das Bewusstsein.

Sie setzte sich senkrecht auf ihr Sofa, legte ihr Laptop auf ihren Schoß und schrieb auf, wohin ihr Bewusstsein sich bewegte, wenn man es in Ruhe ließ.

Der Schmerz wurde noch schlimmer, weil sie jetzt noch genauer hinschaute. Aber er bewegte sich.

Es gibt nur eine Möglichkeit, sich aus einer Liebesblockade zu befreien und das ist durch Bewegung.

Das wirklich Faszinierende ist, dass unser Bewusstsein sich bewegt, auch ohne dass wir etwas dazu tun. Man kann es beobachten. Es befreit sich selbst.

Das Bewusstsein ist wie ein Teppich des reinen Seins, der in regelmäßigen Abständen gereinigt werden muss. Im Alltag sammelt sich einfach verdammt viel Staub an und wenn der Teppich nicht gereinigt wird, verblasst seine Farbe und man kann auch nicht länger auf ihm fliegen ...

Die Teppichreinigung des Bewusstseins braucht keinen Staubsauger und auch sonst keine Anstrengung und keinen Sieg über den inneren Schweinehund. Alles, was sie braucht, ist Bewusstsein eben, Wahrnehmung. Es reicht, sich hinzusetzen und zu beobachten oder sich hinzusetzen und zu schreiben. Es reicht, das Bewusstsein zu beobachten, wie es sich selbst reinigt und wie es, nachdem es sich gereinigt hat, anfängt zu wachsen und sich nach der Liebe umschaut. Wie die Liebe dann, ganz von selbst, wieder am Horizont auftaucht.

Ein Liebesschock ist eine Bewusstseinsöffnung.

Ulrike setzte sich hin, 16 Tage lang und schrieb, jeden Tag 12,5 Seiten. Ihr Ziel waren 200 Seiten. Das war eine runde Sache, etwas, das sie motivierte. Das Ganze ist inzwischen als Buch veröffentlicht: „Das gebrochene Herz – Mein Weg der Selbstheilung".

Und Ulrike, das bin ich.

In den 16 Tagen, in denen ich der Bewegung meines Bewusstseins zuschaute, habe ich eine weitere Entdeckung gemacht:
Der Schock der Zurückweisung hat mich zwar beinahe umgebracht, aber er hat mein Bewusstsein zugleich geöffnet für etwas Höheres. Es war so wenig Widerstand in mir übrig geblieben, dass zum Vorschein kam, was in jedem von uns schlummert: der goldene Kern.

Die Angst, nicht gut genug zu sein, die Angst, nicht geliebt zu werden, so wie ich bin, die Angst, nicht überleben zu können ohne diesen einen Menschen, sie zeigten sich als Illusionen. In dem Maße, in dem alle diese Ängste von mir abfielen, kehrte auch meine Fähigkeit, zu hören wieder zu mir zurück.

Heute kann ich wieder so gut hören wie zuvor.

Zurückweisung weckt starke Reaktionen in uns, aber wenn man dem Bewusstsein etwas Zeit gibt sich zu bewegen, entpuppen sich unsere Ängste als Illusionen. Ein Herz kann gebrochen werden, aber es heilt. Es erneuert sich und indem es sich erneuert, wird es stark.

Ich habe durch den Schock des gebrochenen Herzens mehr Liebesfähigkeit gewonnen als ich je zuvor hatte. Ich bin toleranter, einfühlsamer und freier als je zuvor.

Genau das ist der Gewinn auf unserer Liebesabenteuerreise: Unser Herz wird stark, wir gewinnen mehr Liebeskraft.

Trau dich also hinaus in die Welt, hole dir Absagen ein, erlaube dir, mutig zu lieben und wenn dein Herz gebrochen wird, vertraue darauf, dass es danach noch leidenschaftlicher und erfüllter lieben wird.

 *Deine Aufgabe*

Und jetzt mach eine Pause mit der Lektüre!

Stehe auf und unternimm etwas, das deine Liebe stärkt. Schicke eine Nachricht. Verabrede dich mit jemandem, mache deinem Liebsten, deiner Liebsten eine Liebeserklärung.

Wichtig: Tue etwas, was du noch nie zuvor getan hast. **Wage etwas, auf die Gefahr hin, dass du abgelehnt wirst!**

Und wenn du abgelehnt wirst, lass dich nicht beirren, gehe mutig weiter.

In der Liebe zurückgewiesen zu werden ist nicht das Ende, sondern der Anfang. Wenn du diese eine Kunst meistern lernst, dann hast du in der Liebe nichts mehr zu befürchten.

SICH TRENNEN OHNE SICH
ZU ZERSTÖREN

Bitte lies dieses Gedicht und schreibe auf, an wen du beim Lesen denken musst oder an welches Ereignis.

Das traurigste Liebeslied

Ich weiß, dass du mich liebst,
auch wenn dein Herz dich in eine andere
Richtung zieht.
Auch wenn unsere Wege sich trennen.
Auch wenn der Schmerz dich und mich
zerreißt.
Auch wenn du es bist, der entschieden hat
zu gehen.

Auch wenn du auf einer anderen Straße wanderst.
Auch du möchtest leben und träumen.
Wenn auch nicht mit mir.
Auch wenn du weißt, wie sehr du mich verletzt.
Auch wenn du selbst verzweifelt bist.
Ich weiß, dass du mich liebst.
Auch wenn du nicht verstehst,
auch wenn niemand versteht, warum du gehst.
Es gibt Wege, die muss man gehen,
auch wenn Welten zerbrechen.
Ich bin bei dir, ich behalte dich in meinem Herzen.
Du bist frei jetzt.
Wir sehen uns wieder in besseren Zeiten.

 ## Deine Aufgabe

Bitte notiere, an wen und an welches Ereignis du gedacht hast beim Lesen dieses Gedichts.

_____

_____

Auf Trennungen sind wir nie vorbereitet

Bevor du weiter voranschreitest in der Schule der Liebe, möchte ich dich bekannt machen mit einer Seite der Liebe, der wir mehr als allem anderen ausweichen.

Wenn wir eine Schule der Liebe besuchen, muss eine der ersten Lektionen „die achtsame Trennung" sein. Die Trennung ist eines der größten Tabus in unser go-happy-be-lucky-Liebeswelt. Wenn sie dann kommt, verlieren wir nicht nur unser inneres Zuhause, sondern auch das Verständnis unserer Umwelt. Das gilt für jene, die verlassen werden genauso wie für jene, die eine oder einen anderen verlassen.

Die Liebe schenkt uns eine innere Heimat, weil sie eine authentische Kraft ist. Weil sie wahr ist, weil sie unser Bedürfnis nach Nähe, nach Verstandenwerden, nach Sein-können-wie-wir-sind, erfüllt. Sie schenkt uns Schutz und Geborgenheit. Diese innere Heimat teilen wir mit einem bestimmten Menschen, mit einem Tier, mit einer Gemeinschaft oder auch einem Ort. Wenn wir davon getrennt werden, empfinden wir das als Angst, nicht überleben zu können. Eine unserer tiefsten, irrationalsten Ängste setzt ein.

Manchmal gibt es Gründe für Trennungen, emotionale Gründe, finanzielle Gründe, ethische Gründe. Aber wenn man genau hinsieht, ist eine Trennung ebenso geheimnisvoll und unerklärlich, wie wenn man sich verliebt.

Ich bin überzeugt, dass wir besser mit Trennungen umgehen können, wenn wir nicht versuchen, sie zu erklären.

Der Versuch, sie zu erklären, gibt uns ein Gefühl von Kontrolle, die wir nicht wirklich haben. Der Versuch, Schuldige und Opfer zu finden, nährt die Illusion unseren Selbstwert wiederherstellen zu können.

Unseren Selbstwert finden wir nur in der Liebe und die Liebe entzieht sich unseren Erklärungen.

Ich erzähle dir die Geschichte von Julian.

Julian wurde von seiner Frau verlassen, die er seit der Schule kannte. Sie war seine große Liebe gewesen und er ihre. Viele Jahre waren sie ein glückliches Paar gewesen. Es war ihnen immer gelungen, ihre Karrieren aufeinander auszurichten, auch wenn einer von ihnen wegen eines Karrieresprungs umziehen musste. Bis Natalie in ein anderes Land ziehen wollte, zu einem anderen Mann.

Julian lernte eine neue Frau kennen. Die neue Liebe gab ihm Kraft, die Trennung zu überwinden. Nach einem Jahr wurde er von Saskia, seiner neuen Freundin verlassen. Er verstand es nicht.

Sie sagte zu ihm: „Du suchst dauernd nach Erklärungen, warum deine Frau dich verlassen hat. Deine Frau ist bestimmt kein schlechterer Mensch als du und ich. Sie ist einfach der Liebe gefolgt, wie du und ich."

„Ist das der Grund, warum du mich verlässt?", fragte er sie.

„Ich verlasse dich, weil die Liebe mich woanders hinführt. Mehr Erklärung gibt es nicht", war ihre Antwort.

Julian fühlte sich doppelt betrogen. Nun hatte er noch mehr Anlass, zu grübeln: Warum hatten ihn zwei Frauen hintereinander verlassen? Was hatte er falsch gemacht?

Mit dieser Frage kam er zu mir.

„Nichts", sagte ich.

„Ich muss doch etwas falsch gemacht haben, wenn ich zwei Mal hintereinander verlassen wurde", beharrte er.

„Was bringt es dir, wenn du weißt, was du falsch gemacht hast?"

„Dann kann ich etwas lernen. Dann kann ich es das nächste Mal besser machen."

„Wann hast du dich zum ersten Mal verliebt?", fragte ich ihn.

„Mit siebzehn in Natalie, meine spätere Frau." Sein Gesicht hellte sich auf.

„Hast du da alles richtig gemacht?"

„Ja, das habe ich!"

„Du wusstest also schon mit siebzehn, wie das mit der Liebe geht?"

Er nickte.

„Was willst du dann noch lernen?"

„Aber du sagst doch selbst, die Liebe ist eine Schule",

erwiderte er und begann mit den Beinen zu wippen.

„Ja, eine Schule der Liebe. Was hast du Neues gelernt?"

„Ich weiß es nicht. Nichts."

„Du hast gelernt, dass die Liebe nichts Neues ist."

„Das ist nichts Neues." Er schaute ein wenig deprimiert drein. Nach einer Weile fuhr er fort: „Dann habe ich nichts falsch gemacht?"

„Nein."

Julian seufzte tief. Sein Ausdruck war immer noch ein wenig skeptisch. „Ich habe nichts falsch gemacht?"

„Nein."

„Aber warum wurde ich dann zwei Mal hintereinander verlassen? Ist das ein Gesetz der Serie oder so was – und wie lange geht das noch?"

„Glaubst du, dass die Liebe da oben sitzt und mit einer   „Wem-kann-ich-das-Gesetz-der-Serie-reindrücken-App spielt?

Er sah mich feixend an. „Ja, genau, das glaube ich!"

„Und genau so ist es!", erwiderte ich und beschloss, dass Julian für heute genug Liebesweisheiten verspeist hatte.

Manchmal finde ich meinen Job echt anstrengend, nicht wegen Menschen wie Julian. Ich kann vollkommen verstehen, wie er sich fühlt. Ich habe schon genau die gleichen Gedanken gehabt. Nein, wegen der Liebe. Die Liebe ist anstrengend, weil die Liebe so groß ist. Dann frage ich mich manchmal, ob es nicht einfacher wäre, mir ein nettes kleines Leben einzurichten und

Tomaten anzubauen. Aber die Tomaten haben es bei anderen Menschen besser als bei mir. Ich bin einfach nicht der Ich-liebe-Tomaten-Typ.

Julian kaufte sich kurz darauf ein Pferd. Er lernte eine Frau kennen, die ebenfalls ein Pferd hatte und, so weit ich weiß, sind sie heute, zwei Jahre später, immer noch sehr glücklich. Bis die Liebe sich wieder etwas anderes einfallen lässt.

In der Liebe haben wir nichts in der Hand, nicht mehr als ein Neugeborenes oder ein Schmetterling in der Hand hat.

Das wird uns besonders bewusst, wenn wir eine Trennung erleben. Dasselbe, was uns an der Liebe begeistert, nämlich, dass wir plötzlich auf rosa Wolken schweben, macht uns vollkommen fertig, wenn wir gerade verlassen worden sind oder merken, dass unsere Gefühle für jemanden sich verabschieden.

Eine Trennung ist, auf einer tieferen Ebene, eine Trennung von einer Illusion. Wir haben uns ein Bild von der Liebe gemacht, aber die Wirklichkeit ist eine andere.

Die Liebe ist eine sehr radikale Kraft. Und leider gibt es sie nicht in kontrollierbaren Dosen. Die Liebe kommt tief aus unserem Unbewussten. Und nicht nur das: Die Liebe kommt aus einer Quelle außerhalb von uns. Die Liebe ist das Wasser, in dem wir als Fische schwimmen. Wir, die Fische, können zwar die Temperatur des Wassers wahrnehmen und die Strömungen und uns angenehme, warme Wasser suchen.

Aber das Wasser selbst ist wiederum reiner Geist, auf den wir keinen Einfluss haben. Wir können mit ihm kommunizieren und seinen Segen empfangen.

Wir können Trennungen genauso als Ausdruck der Liebe wahrnehmen wie das Verliebtsein. Sie kommen aus derselben Quelle. Wenn uns das gelingt, sind wir frei.

Wenn wir zu lange an der Illusion festhalten, verlieren wir unsere Kraft.

Die Trennung, so traurig sie sein mag, ist nicht das eigentliche Problem. Das Problem ist, wie wir mir ihr umgehen. Weil eine Trennung existenzielle Angst auslöst, tun wir alles, um an der Beziehung festzuhalten oder an den Umständen, mit denen sie verbunden ist: einer gemeinsamen Wohnung, gemeinsamen Kindern, finanziellen Abhängigkeiten.

Das Festhalten an einer Illusion von Liebe, kostet uns sehr viel Kraft. Im selben Maße, in dem wir uns an der Illusion festhalten, schneiden wir uns von der nährenden Kraft der Liebe ab.

Und wenn uns die Liebe nicht mehr nährt, sterben wir.

Die Liebe ist reine Energie, reine Naturkraft. Etwas kommt zusammen, etwas trennt sich, das alles geschieht ohne Urteil und kann sich jederzeit umkehren.

Eine eindrückliche Geschichte dazu erlebte eine meiner Seminarteilnehmerinnen, Marianne. Ein Pflaumenbaum in ihrem Garten, den sie sehr liebte, verlor seine Blätter, trug keine Früchte mehr und starb langsam ab. Eines Tages erklärte ihr Partner ihr aus dem Blauen heraus, dass er sich trennen wolle. Wenig später zog er aus.

In einer schamanischen Reise erschien ihr der Baum. Das Faszinierende an schamanischen Reisen, in denen man direkt mit dem Spirit der Natur in Austausch treten kann, ist, dass man Bilder erhält, die komplizierte und komplexe Angelegenheiten auf eine zentrale und absolut zutreffende Botschaft einschmelzen.

Der Baum zeigte ihr, dass sein Stamm faul war und dass deshalb keine Blätter und keine Früchte mehr wachsen konnten. Er zeigte ihr auch, dass seine Wurzeln metallene Kraken waren. Und dass er deshalb keine Nahrung aus dem Boden bekommen konnte.

Die metallenen Krallen, so viel war klar, hatte der Baum nicht hervorgebracht. Sie waren ein Bild von Mariannes Seelenzustand. Sie selbst hatte mit eisernen Krallen an einer Beziehung festgehalten, deren

Stamm faul war. Damit hatte sie die Nahrungszufuhr abgeschnitten.

Faszinierend an einer schamanischen Reise ist auch, dass so ein Bild, wenn es erst mal im Bewusstsein des Reisenden angekommen ist, sich wie eine heilende Medizin in unserem ganzen System ausbreitet.

Es entsteht dann ein Gefühl von großer Klarheit. Plötzlich erkennt man, was eigentlich passiert ist und wie alles zusammenhängt. Man möchte sich mit der Hand an den Kopf schlagen oder einfach nur in seinem Sessel zusammensinken, weil die Erleichterung so groß ist und alle Anspannung, die man auf vergebliches Grübeln verwandt hat, von einem abfällt.

So ging es auch Marianne. Sie konnte Frieden schließen mit der Trennung, ihrem Ex vergeben und der Baum erholte sich.

Du denkst jetzt vielleicht, das ist ein Widerspruch zu dem, was ich vorhin gesagt habe, dass man nicht nach Gründen für eine Trennung suchen soll. Der Unterschied zwischen einem Naturvorgang und einer psychologischen Analyse ist, dass die Analyse den Anschein weckt, wir hätten Kontrolle über das, was passiert, wir hätten Schuld oder könnten es ändern. Der Naturvorgang ist einfach nur, was er ist.

In der Liebe gibt es kein Urteil. In der Liebe gibt es nur Liebe.

Unser menschliches Denken könnte eine Story erfinden, in der Marianne etwas falsch gemacht hat, nämlich zu sehr festgehalten an etwas, das schon länger faul war. Aber so läuft das in der Liebe nicht.

In der Liebe gibt es kein Urteil, genau wie es in der Natur keine Urteile gibt. In der Liebe passieren die Dinge entsprechend ihrer Energie. Die Energie in der Liebe und in der Natur ist immer optimal auf Überleben, Wachstum und Verbindung ausgerichtet.

Anstelle einer Geschichte von Marianne, die einen Fehler gemacht hat, könnte man auch eine andere Geschichte draus machen, nämlich eine Liebesgeschichte zwischen einem Pflaumenbaum und Marianne.

Der Baum erlitt, was Marianne nicht erkennen konnte. Als sie der Wahrheit schließlich begegnete, zeigte der Baum ihr den Weg zur Vergebung. Ist das nicht eine unglaubliche Geschichte? Und sie ist wahr. So ist die Liebe.

 ## Deine Aufgabe: Atme

In dieser Lektion gibt es nur noch eine letzte kleine Aufgabe für dich:

Atme. Mehr nicht. Wenn Erinnerungen und Gefühle wegen alter Trennungen hochkommen, versuche nicht, daran festzuhalten, indem du Erklärungen suchst. Atme einfach. Die Liebe hat dich nicht vergessen.

Ein Mensch trennt sich vielleicht von dir, aber die Liebe trennt sich nicht. Du trennst dich vielleicht von der Liebe, aber es liegt an dir, das rückgängig zu machen. Die Liebe wartet schon voller Freude auf dich!

LIEBE UND ERFOLG
WIE GEHT DAS
ZUSAMMEN?

STARKE FRAUEN – STARKE MÄNNER

Diese Lektion ist kurz:

An alle Frauen, die glauben, dass sie keinen Partner finden, weil sie zu erfolgreich sind: Dieser Glaubenssatz ist Bullshit und hat eine Generation von Frauen ruiniert und wird weitere Generationen von Frauen ruinieren, wenn wir nicht sofort damit aufhören!

An alle Männer, die glauben, sie müssten sich in Womanizer und Frauenversteher verwandeln, sie müssten weiblicher und sensibler werden. Männer sind verdammt sensibel. Lernt euch selbst kennen an der Seite einer starken Frau. Es gibts nichts Schöneres.

OHNE LIEBE KEIN ERFOLG UND

OHNE ERFOLG KEINE LIEBE

Wir leben in zwei sehr interessanten Welten und dazwischen, scheint es, liegt ein unüberwindlicher Abgrund. In der einen Welt sind wir rasende Erfolgsmenschen, die sich ständig selbst übertreffen in Fitness, Karriere, Bildung, Wissen und den Strategien der Gewinner.

Auf der anderen Seite tickt in uns dieselbe Sehnsucht nach Liebe, nach Wärme, nach Geborgenheit und Zugehörigkeit wie in unseren Vorfahren vor einer Million Jahren.

Der Fokus auf den Erfolg und das Verfolgen von Zielen, so scheint es, macht uns hart und schneidet uns ab von unserer Fähigkeit zu lieben, aber wer sagt denn, dass die Liebe verlangt, dass wir auf einem

Sofakissen sitzen und elaborierte Gespräche führen? Vielleicht wollen wir auch auf einer Bohrinsel vor der Küste Kanadas im eiskalten Wind das Geld verdienen, das unsere Kinder ernährt.

Wenn wir zu feinfühlig sind und alles auf uns zukommen lassen, Entscheidungen vermeiden und keine klare Richtung haben, werden wir zu Opfern der Umstände. Wir haben dann das Gefühl, dass wir als Idealisten der Liebe in einer gefühllosen Welt leben, die dem Untergang geweiht ist.

Wenn wir zu hart werden, haben wir das Gefühl, den Zugang zu anderen Menschen zu verlieren. Aber wer sagt uns denn, was die anderen an uns lieben? Vielleicht erkennen sie in unserer Härte und Klarheit unsere Liebeskraft.

Es ist auch interessant, dass sich Menschen gern in zwei Lager aufspalten und dann bekriegen:

- » die Erfolgsmenschen und die Sensiblen,
- » die Realisten und die Träumer,
- » die Gefühlsmenschen und die Verstandesmenschen,
- » die Harten und die Weichen.

Natürlich suchen wir uns gern die, die uns bestätigen und wenn wir denen vom anderen Lager begegnen, bringen wir unsere Magnum in Anschlag. (Nein, nicht die Eissorte ... oder vielleicht doch.)

Deine Aufgabe

Jetzt gleich mal eine spontane Frage an dich (bitte Zutreffendes unterstreichen, ohne viel nachzudenken):

- » sensibel oder knallhart?
- » überschwänglich liebend oder verschlossen?
- » Geld oder Liebe?
- » Karriere oder Partnerschaft?
- » selbstlos oder eigennützig?
- » Diener oder Herrscher?
- » abhängig oder unabhängig?
- » zielstrebig oder verträumt?
- » zielorieniert oder frei fließend?

Wenn du ein eher *zielorientierter* Mensch bist, hast du dich wahrscheinlich parallel zu der Aufgabe gefragt, was das soll und ob es dich weiterbringt. Du hast dir vielleicht gesagt, dass du den Sinn nicht ganz erkennst, aber dass Liebe ja angeblich mysteriös ist und du dich erst mal darauf einlässt, weil du bisher in der Liebe nicht so viele Punkte gemacht hast.

Wenn du ein eher *sensibler, verträumter* Mensch bist, hast du wahrscheinlich parallel zur Aufgabe versucht herauszufühlen, ob die Aufgabe überhaupt etwas für dich ist und wie sich die Aufgabe für dich anfühlt. Weil du dich aber in der Liebe oft missverstanden fühlst und dadurch ein wenig als Außenseiter, bemühst du dich, etwas zu lernen und zu verstehen.

Vielleicht hast du auch bei der jeweiligen Auswahl jeweils beides angekreuzt: sensibel und knallhart, überschwänglich liebend und verschlossen, Geld und Liebe, Karriere und Partnerschaft, selbstlos und eigennützig, Diener und Herrscher, abhängig und unabhängig, zielstrebig und verträumt, zielorientiert und frei fließend.

Diese Lektion hat das Ziel, dich in ein inneres Gleichgewicht zu bringen.

Wenn du Erfolge anstrebst, ohne zu lieben, wirst du scheitern.

Wenn du liebst, ohne für deine Liebe zu kämpfen, wirst du sie verlieren.

Es ist ein Fakt, dass wir lernen, Erfolge zu haben, aber wir lernen nicht, zu lieben. Wir lernen, dass wir geliebt werden, wenn wir Erfolge haben. Also bemühen wir uns um Erfolge und gehen dann davon aus, dass wir geliebt werden.

Irgendetwas in uns weiß aber, dass das so nicht funktioniert. Denn das ist eine grausame Gleichung: Die Liebe ist dann etwas, das gemessen werden kann, wie Noten in der Schule. Wenn wir uns anstrengen, gibt es mehr Liebe, wenn wir müde sind und nicht mehr können, werden wir mit Liebesentzug bestraft.

Wir sind verdammt dazu, immer erfolgreich, tatkräftig, fröhlich, fit, gesund, hilfsbereit, einfühlsam, perfekt und liebenswert zu sein. Wenn wir es mal nicht sind, überfällt uns die Angst, nicht geliebt zu werden. Wir sind dann abgeschnitten von der Liebe.

Wir fühlen uns hilflos und in unserer Hilflosigkeit fällt uns nichts anderes ein, als uns noch mehr anzustrengen, denn das ist ja der einzige Weg zur Liebe, den wir kennen. In diesem Dilemma stecken viele von uns fest.

 ## Deine Aufgabe

Ich bitte dich, jetzt mal ganz ehrlich zu dir selbst zu sein und dich zu fragen, wo du dieses Dilemma in dir selbst entdeckst.

Beobachte dich ganz genau, mit welcher Energie du Kontakt aufnimmst zu einem oder einer Geliebten oder möglichen Geliebten. Suchst du Liebe, Anerkennung, indem du eine Leistung erbringst?

Es geht hier um einen feinen Unterschied: Natürlich tun wir gern etwas für andere und wir schenken gern aus freiem Herzen. Aber es gibt in uns auch den Zwang, etwas für andere zu tun, weil wir Angst haben, dass wir sonst nicht geliebt werden. Du erkennst den

Unterschied am jeweiligen Gefühl: Das eine Mal empfindest du Freude und Verbundenheit, das andere Mal Angst. Bitte schreibe jetzt ein konkretes Beispiel auf:

♡

_____

_____

_____

_____

_____

Vielen Dank!

Fakt ist auch, dass es uns viel leichter fällt, geliebt zu werden, als selbst zu lieben. Wir sonnen uns darin, Verehrerinnen und Verehrer zu haben, wir bezichtigen andere, lieblos zu sein, anstatt uns auf den Weg zu machen, die Liebe in ihnen zu entfachen.

Wenn wir enttäuscht sind, suchen wir die Schuld bei anderen oder pflegen unsere Bitterkeit, anstatt den Weg zurück zur Liebe zu suchen. Wir lieben hauptsächlich passiv anstatt aktiv. Die Liebe ist aber ein Feuer, das ausgeht, wenn man kein Holz nachschiebt.

Deine Aufgabe

Ich bitte dich wieder, ehrlich zu dir selbst zu sein und dich zu fragen, wo du bequem warst und erwartet hast, dass man dich liebt, anstatt selbst die Liebe mit deiner Kreativität zu beflügeln.

♡

Erfolg ist Liebe

Es gibt nur eine Art von Erfolg, weil es nur ein menschliches Bedürfnis gibt, das gestillt werden muss und das ist das Bedürfnis nach Liebe. Egal, welche Arbeit du tust, dein Antrieb für die Arbeit ist, anderen zu dienen, anderen deine Liebe zu schenken und von anderen geliebt zu werden, also in einen Austausch der Liebe einzutreten. Dafür arbeiten wir, dafür geben wir Geld aus, dafür wachsen wir über uns selbst hinaus.

Die Liebe ist der Motor hinter unserem Erfolgsstreben. Wenn wir das vergessen, verlieren wir unseren Antrieb, unsere Gesundheit, unsere Beziehungen. Unsere Mitmenschen lieben nämlich nicht jene, die erfolgreich und lieblos sind, sondern jene, die mit Erfolg lieben.

Wenn wir erfolgreich sein möchten, müssen wir lernen, zu lieben.

Wenn wir lieben und geliebt werden wollen, müssen wir lernen, erfolgreich zu sein.

Ich möchte dir, die Geschichte von Werner erzählen: Werner war ein erfolgreicher Unternehmer, er hatte für seine Familie ein schönes, großes Haus gebaut, seine Tochter bekam ein Pferd, die Familie machte die schönsten Urlaube.

Werner hatte alles erreicht und war glücklich – bis eines Tages eine Jugendliebe seiner Frau Elvira in das Nachbardorf zog.

Sebastian, so hieß der Mann, war nicht absichtlich dorthin gezogen, das Schicksal hatte ihn dorthin gespült. Sebastian und Elvira trafen sich zufällig im Supermarkt, dem Tummelplatz der Romantik im 21. Jahrhundert, nachdem das Einkaufen auf Märkten, wo das Schicksal früher die Liebenden aufeinanderprallen ließ, der Nostalgie angehört.

Sebastian war vom Leben nicht so sonnig behandelt worden wie Werner: zwei Mal geschieden und eine erfolglose Karriere als Musiker. Im Moment hatte er eine Stelle als Hausmeister und das meiste, was er verdiente, ging als Unterhalt für seine Kinder drauf, die so weit weg wohnten, dass er es sich nicht leisten konnte, sie zu besuchen.

Es dauerte lange, sehr lange, bis Werner, der erfolgreiche Unternehmer, akzeptierte, dass seine Frau diesen Sebastian mehr liebte als ihn und sich tatsächlich scheiden lassen wollte, um Sebastian zu heiraten.

Lange Zeit hatte Werner das Gefühl, dass das Leben sehr unfair zu ihm war. Wie konnte seine Frau einen Mann vorziehen, der ihr nichts bieten konnte, der dermaßen erfolglos war?

Werner hatte das Gefühl, sein Leben vollkommen verfehlt zu haben. Er liebte seine Frau. Er hatte immer nur ein Ziel verfolgt, nämlich in Glück und Wohlstand mit seiner Frau alt zu werden und seine Enkel aufwachsen zu sehen. Er wusste nicht, was er jetzt mit seinem Leben anfangen sollte.

Er wurde depressiv und zog sich immer mehr zurück. Auch seine Tochter, die ihn sehr liebte, erreichte ihn nicht mehr. Sein Leben kam ihm vor wie eine einzige Verwüstung, das sagte er einmal zu mir.

Alles, wofür er gearbeitet hatte, war umsonst gewesen. Interessant war, dass er sein Unternehmen fortführte. In der Firma war er nicht depressiv, sondern erstaunlich kreativ. Er entwickelte neue Produkte und stellte neue Mitarbeiter ein.

„Ich liebe meine Arbeit", erklärte er mir, da lag die Trennung schon ein Jahr zurück. „Das war mir vorher gar nicht so bewusst. Vorher habe ich geglaubt, dass ich arbeite, um es meiner Familie schön zu machen. Jetzt merke ich, wie glücklich ich bin in der Firma, mit den Mitarbeitern. Für ihr Wohl zu sorgen, dafür zu sorgen, dass ihre Arbeitsplätze erhalten bleiben, dass wir expandieren und Erfolge feiern, das macht mich glücklich."

Nach und nach erholte sich Werner von der Trennung und ist heute ein glücklicher, erfolgreicher Mann. Seine neue Lebensgefährtin hat Glück: Werner ist, wie man so sagt, ein Mann mit einem großen Herzen.

„Das war er schon immer", sagt seine Schwester, „aber jetzt haben noch viel mehr Menschen etwas davon."

 *Deine Aufgabe*

Wo hast du erlebt, dass etwas, was du mit Liebe getan hast, erfolgreich war? Schreibe ein Beispiel auf, egal wie groß oder klein es ist.

♡
_____

_____

_____

_____

_____

Du hast inzwischen wohl bemerkt, dass ich gern Geschichten aus dem Leben erzähle. Das hat zum einen damit zu tun, dass ich als Coach und Seminarleiterin vielen Menschen begegne und sie mir ihre Geschichten anvertrauen.

Zum anderen hat es damit zu tun, dass ich Geschichtenerzählerin bin und viele Geschichten als Roman, Hörspiel, Theaterstück oder Drehbuch geschrieben habe. Daher weiß ich, dass eine Geschichte mehr erzählen kann als ein theoretischer Text. Eine Geschichte kann vor allem auch Gefühle transportieren und wir lernen im Wesentlichen, indem wir fühlen.

Wenn wir fühlen, machen wir Erfahrungen und Erfahrungen lassen uns wachsen, Erfahrungen verändern uns. Das ist es, was ich mir für dich wünsche in der Schule der Liebe.

ERFOLGREICH LIEBEN

Es ist schon ein merkwürdiger Widerspruch: Das Zitat von Rumi, das ich dem Buch vorangestellt habe ...

> *„Glaubst du, ich weiß, was ich tue?*
> *Dass ich einen Atemzug lang oder*
> *einen halben mir selber angehöre?*
> *Nicht mehr, als eine Feder weiß,*
> *was sie schreibt,*
> *oder der Ball vermuten kann,*
> *wohin er gleich fliegt."*

Das klingt, als würde man am besten auf der grünen Wiese sitzen und warten, bis die Liebe angeflogen kommt. Auf der anderen Seite will die Liebe gelebt und nicht nur geträumt werden. Will die Liebe wachsen und andere anstecken, will die Liebe sich manifestieren in sichtbaren Ereignissen und Wunderwerken wie dem Taj Mahal.

Die Liebe will Fühlen und Handeln. Wie passt das zusammen? Es ist der Kern jeder Lebenskunst, zu handeln, ohne das Fühlen zu verlieren und zu fühlen, ohne das Handeln zu vergessen. Egal, ob du malst, kochst, ein Unternehmen leitest oder als Model die Hacken in den Laufsteg hämmerst, du brauchst das Gleichgewicht zwischen zwei Dingen, die sich von ihrer Natur aus gegenseitig ausschließen.

Das wussten schon die Chinesen vor 3000 Jahren, als sie die Philosophie des Tao erfanden um die Vereinigung der Gegensätze zu trainieren: „Wenn du krumm sein willst, sei gerade, wenn du gerade sein willst, sei krumm.“

Probier es mal mit:

> *„Wenn du lieben willst, sei gleichgültig. Wenn du gleichgültig sein willst, liebe.“*

> oder

> *„Wenn du handeln willst, sei still. Wenn du still sein willst, handle.“*

Mit dem Tao kommt man dem Paradox von Erfolg und Liebe schon ein Stück näher.

Wir können die Liebe nicht zwingen, das haben wir alle schon gemerkt. Wir können nicht anderen unsere Liebesbedürfnisse überstülpen oder aufdrängen.

Aber wir können andere anstecken mit unserer Liebe, wenn wir selbst ganz von der Liebe entflammt sind. Und das meint Rumi, wenn er schreibt, dass er nicht weiß, was er tut, wenn er wie eine Feder schreibt oder wie ein Ball fliegt.

Wenn wir ganz in der Liebe sind, handeln wir von selbst. Dann ist unser Bedürfnis zu handeln so groß, dass auch die größte Anstrengung mühelos erscheint. Das Handeln ist dann unser Ort der Stille. Der Ort, in dem wir aufgehoben sind in der Liebe.

Aus Liebe handeln, ist ein anderes Handeln als das Handeln, das einem bestimmten Zweck dient. Wenn wir aus Liebe handeln, haben wir eine Kraft, die größer ist als wir selbst.

Wenn wir aus Liebe handeln, wachsen wir über uns selbst hinaus. Wenn wir aus Liebe handeln, wissen wir vielleicht nicht, wohin die Reise geht, aber wir wissen, dass sie sicher gut ausgeht. Denn die Liebe hat nur ein Ziel: mehr Liebe hervorzubringen.

Wenn du die Liebe in dein Leben holst, wenn du die Liebe dein Handeln bestimmen lässt, wirst du Erfolg haben.

Ich singe hier den Song der Erfolgstrainer auf aller Welt, aber ich muss dir auch das Kleingedruckte verraten.

Bis du als wandelnde leuchtende Verkörperung der Liebe durch das Leben gehst, wirst du in viele Schlammlöcher treten und von einigen Tellerminen in die Luft gejagt werden. Die Liebe so großartig und mächtig sie ist, ist kein Leiterwagenrennen von A nach B, wie wir es gern in unserer Erfolgswelt veranstalten.

Die Liebe ist ein einzigartiger Umweg.

Sie kommt immer anders raus als wir es geplant haben. Das ist ihr Wesen.

Du erinnerst dich: Sie ist größer als du, deshalb ist es unmöglich, dass sie in deinen Tages-, Wochen- oder Jahresplaner passt. Du erinnerst dich: Man kann sie nicht kontrollieren. Deshalb ist es unmöglich, dass du den Weg kennst, bevor du losgehst.

Wenn du den Weg kennen würdest, wäre es nicht der Weg der Liebe.

Es ist wirklich wichtig, zu wissen, dass du den Weg der Liebe nicht kennen kannst. Du musst trotzdem loslaufen! Wenn wir den Weg nicht kennen, haben wir nämlich die Neigung, gar nicht erst loszugehen und das ist in der Liebe fatal.

Was wir brauchen, ist Handlungsenergie.

Die Liebe wird genährt vom Mut zum Unbekannten. Wenn wir diesen Mut nicht aufbringen, lässt uns die Liebe liegen wie einen faulen Apfel.

Es tut mir leid, wenn ich jetzt noch ein wenig paradoxer werden muss und dein Bedürfnis nach Logik auf eine harte Probe gestellt wird.

Auch wenn wir nicht wissen, wohin uns die Liebe führt, ist es doch wichtig:

1. sich auf den Weg zu machen
2. ein **klares** Ziel vor Augen zu haben

Das geht ungefähr so:
Wir sehen diesen Typen auf dem Zehnmeterturm des örtlichen Freibads oder diese wunderschöne Frau, die die Nachrichten im lokalen Fernsehsender spricht – und unser Herz beschließt, sie oder ihn zu heiraten.

Wir wissen nicht, ob wir jemals ein Wort mit ihr oder ihm wechseln werden, ob sie oder er verheiratet ist oder morgen eine zehnjährige Haftstrafe antritt, aber das Ziel ist klar.

Du verstehst, dass ein solches Ziel Handlungsenergie hervorbringt. Das ist alles, worum es geht: Handlungsenergie!

Deine Aufgabe

Sicher hast du auch schon, aus dem Gefühl der Liebe heraus, große Ziele entworfen wie: ein Haus bauen, in die Prärie auswandern, ein Kind zeugen, in einen Film gehen, den du furchtbar findest, ...

Um zu fühlen, wie sich Handlungsenergie anfühlt, die aus Liebe generiert wurde, schreibe bitte ein Beispiel auf:

♡

_____

_____

_____

_____

_____

Bitte beantworte jetzt noch diese Frage:

Was ist im Moment dein größtes Ziel in der Liebe? Wähle ein Ziel, das dir Handlungsenergie gibt.

Ich gebe dir ein Beispiel: Susanne liebt Christian. Sie würde ihn am liebsten mit Haut und Haar verschlingen, aber Christian ist ein eher stiller, zurückgezogener Mensch. Mit ihm findet sie Zugang zu ihrer inneren Stille und zu innerem Frieden, und einem unerwarteten Glück. Sie möchte Christian nicht überrollen und überfordern.

Ihr Ziel ist, ihre überschwängliche Liebesenergie in liebevolle Geduld umzuwandeln. Sie möchte gern ihren Garten pflegen und ihre Liebe schulen in der Geduld, die sie für die Pflanzen braucht. Es ist eine stille Handlungsenergie, von der Susanne sich beflügelt fühlt.

Ein anderes Beispiel: Vincent möchte Veronika den ungewöhnlichsten Heiratsantrag machen, den die Welt je gesehen hat. Es beflügelt ihn total, sich auszudenken, wie und wo und wann.

Jetzt bist du dran:

♡
_____

_____

_____

_____

_____

LIEBE PUR

NUR DIE LIEBE HEILT

Das Herz ist ein Faktor

Wir nähern uns der Mitte des Buches, der Mitte der Reise in die Liebe. Denn das ist die Liebe, so wie wir sie hier auf der Erde erleben: eine Pilgerreise.

Auf einer höheren Ebene ist die Liebe etwas Großes, Unerschütterliches, aber hier auf der Erde leben wir in einem Körper, wir teilen unser Leben mit Milliarden von Mitmenschen, mit der Natur, und wir sind auf einer Reise von unserer Geburt bis zu unserem Tod. Wir lernen immer neue Gesichter der Liebe kennen.

Und eines ist sicher: Die Liebe wandelt sich im selben Maße, wie wir atmen.

Der Unterschied zwischen einer Reise von A nach B und einer Pilgerreise ist, dass auf einer Pilgerreise das Herz ein Faktor ist. Das Herz ist natürlich immer ein Faktor. Unser Leben ist bestimmt davon, was unser Herz möchte. Ganz einfach: Ohne unser Herz können wir nicht leben. Aber wir hören nicht immer auf unser Herz. Deshalb machen wir viele Reisen von A nach B, ohne unser Herz. Herzlose Reisen. Unser Herz wird dann müde und irgendwann wird es krank. Ich meine hier das physische Herz und ich meine auch das spirituelle Herz.

Viele von uns wissen gar nicht, dass beide zusammen gehören, oder dass wir so etwas haben wie ein spirituelles Herz oder wie auch immer man es nennen möchte: Dass wir so etwas haben wie die Liebe. Die meisten von uns denken: Hauptsache, der Körper ist gesund und sie meinen damit den physischen Körper. Allein, dass der Körper und die Liebe getrennt betrachtet werden, ist schon ein Teil der Krankheit. Das physische Herz und die Liebe, sie gehören zusammen. Und jede Reise ist eine Pilgerreise.

Ich muss dir die Geschichte von Holger-Andreas Elsner erzählen, den ich gestern kennengelernt habe. Denn die Geschichte ist ein perfektes Beispiel dafür wie das physische Herz und die Liebe zusammenspielen.

Ich war eingeladen zum „Glückfindertag", den Andreas Gregori in verschiedenen deutschen Städten veranstaltet, ein einmaliges Erlebnis, das ich jedem ans Herz legen möchte, der einen Tag in purem Glück verbringen möchte und Menschen kennenlernen, mit denen man sofort befreundet sein möchte. Andreas Gregori macht auf diesen „Glückfindertagen" Interviews mit Menschen, die ihr Glück gefunden haben. Einer der Interviewpartner war Holger-Andreas Elsner, der andere war ich.

Ein Weg der Heilung

Holger-Andreas Elsner war auf dem Höhepunkt einer steilen Karriere als Investmentbanker. (Seine Geschichte kann man nachlesen in seinem Buch „Quelle des Reichtums: Der spirituelle Weg zu Wohlstand und Vollkommenheit").

Im selben Maße wie er seine materiellen Ziele erreichte, zeigte sein Körper immer mehr Ausfallerscheinungen. Asthma, Allergien und Unverträglichkeiten und schließlich eine hartnäckige Autoimmunkrankheit.

Dies schrieb mir Holger über seinen Weg:

„All dies machte mich sehr nachdenklich. Verantwortung, Ängste und Verpflichtungen freilich verhinderten bislang eine Kursänderung. Hierzu bedurfte es eines weiteren, deutlichen Zeichens.

An einem Sonntagabend im Kreise der Familie sollte ich dieses Zeichen erhalten. Kurz bevor ich mich, wie immer, von meiner Familie für die Arbeitswoche verabschiedete, veranstaltete ich das allwöchentliche Ritual mit meinem Sohn. Wir stellten die Mülleimer vor zur Straße und rannten die wenigen Meter um die Wette zurück zur Haustür. Augenblicke später bemerkte ich, wie mein Herz aus dem Rhythmus geraten war. Der Wechsel zwischen Herzrasen und sekundenlangem Stillstand zwang mich, mein Herz zu beobachten. Nie zuvor hatte ich meinem wichtigsten Organ so viel Aufmerksamkeit gewidmet. An diesem Abend wurde ich mit Nachdruck dazu aufgefordert. Ich tat dies etwa eine Stunde lang, ohne Angst, aber in absoluter Achtsamkeit. Später im Krankenhaus versuchte man, mein Herz wieder medikamentös in den gewohnten Rhythmus zu bringen. Nachdem dies auch über Stunden nicht gelang, wurde eine Operation am offenen Herzen vorbereitet. Die Vorkehrungen waren abgeschlossen, ich wartete darauf, zur OP geholt zu werden."

Auf dem Glückfinder Tag erzählte Holger uns von dem entscheidenden Moment, der sein Leben veränderte: „Entgegen der Anweisung der Ärzte begleitete ich meine Frau hinaus auf den Gang, um mich zu verabschieden. Ich sagte ihr, dass ich eigentlich längst wisse, dass ich etwas ändern muss. Ich habe in all den Jahren nicht auf mein Herz gehört. Ich wusste, die Aneinanderreihung von Krankheiten würde niemals aufhören, wenn ich es nicht endlich tun würde.

Ich fasste einen Entschluss und versprach meinem Herzen, künftig auf es zu hören und ihm zu folgen. Als ich dieses Versprechen ablegte, begann mein Herz wieder rhythmisch zu schlagen. Die OP konnte in letzter Sekunde vermieden werden."

Indem er seinem Herzen folgte, wurde er auf Wege geführt, die Holger letztlich von all seinen, schulmedizinisch betrachtet, unheilbaren Krankheiten befreiten. Die Entscheidung veränderte sein Leben grundlegend.

Krankheit und Liebesschmerz

Meine eigene Geschichte ist ähnlich. Nachdem mein Mann nach 30 Jahren einen Weg ohne mich einschlug, verlor ich mein Gehör. Ihn sagen zu hören, dass er nicht länger mit mir zusammenzuleben wolle, war für meine Ohren so schmerzhaft, dass sie einfach dicht machten.

Die Botschaft war: Ich kann mir das nicht länger anhören. Ich hatte mir zuvor schon einiges angehört, das weh tat, aber ich bin eine willensstarke Person. Jetzt war Schluss. Meine Ohren waren zu nichts mehr zu bewegen.

All mein Wissen, meine Erfahrungen als Persönlichkeitscoach und spirituelle Lehrerin waren wertlos. Da verstand ich, wie Holger-Andreas Elsner, dass der physische Körper und der spirituelle Körper zusammengehören. Das hatte ich zwar zuvor schon theoretisch gewusst, aber jetzt bekam ich die dazu gehörige Erfahrung geliefert, sodass ich es nie wieder vergessen würde.

In dem Moment verstand ich auch, dass Krankheit mit einem Liebesschmerz zu tun hat. Ich verstand auch, dass nur die Liebe mich heilen konnte.

Nur die Liebe heilt

Diese Wahrheit werde ich nie wieder vergessen. Das ist es, was die Liebe mich gelehrt hat. Ab diesem Augenblick ging ich in die Schule der Liebe.

Anfangs wollte ich nichts anderes als zurück zu meinem Mann, aber das ging ja nicht. Es war für mich vollkommen unverständlich, wie die Liebe mich heilen konnte, wenn mein größter Liebeswunsch nicht erfüllbar war.

Ich glaube, das ist der Punkt, an dem viele von uns scheitern, an dem viele von uns aufgeben. Und es liegt daran, dass wir keine spirituelle Kultur haben, keine spirituelle Heimat.

Ohne eine spirituelle Heimat ist auch die Liebe zum Scheitern verurteilt. Denn die Liebe ist mehr als die Liebe zwischen zwei konkreten Menschen, oder mehreren konkreten Menschen. Die Liebe ist das, was alles umfasst und alles durchdringt. Die Liebe ist das Wasser, in dem wir als Fische schwimmen. Und diese Liebe heilt uns – mehr als die Liebe zu einem anderen Fisch.

Ich verstehe, wenn du jetzt sagst: Das ist nur ein geringer Trost für mich, wenn ich doch Thomas oder Anette liebe und daran eingehe, dass sie mich nicht zurückliebt. So wie ich mir als Teenager gesagt habe: Ich will nicht Jesus Christus lieben, sondern Sebastian.

Die Liebe hat Millionen Gesichter

Das wirklich Faszinierende an der Liebe ist aber, dass sie sich personifizieren kann. Zum einen lässt sie dich in die Augen von Sebastian oder Annette blicken und dein Herz höher schlagen. Und wenn du gerade auf einer einsamen Insel bist, kommt sie in anderer Gestalt vorbei. Mir erschien die Liebe in Gestalt des Lebens. Das ist eine recht abstrakte Figur, aber wenn man genau hinsieht, war sie absolut passend. Ich brauchte ein Gegenüber und ich brauchte ein Gegenüber, das so liebevoll und nachsichtig und verzeihend und großzügig war und mir so viel Freiheit ließ, wie man es von einem menschlichen Gegenüber eigentlich nicht erwarten konnte. Ich wusste ja gar nicht, wo es hinging, was ich wollte, ich konnte mich in keiner Weise verpflichten, denn ich kannte mich selbst nicht, alles war neu.

Das Leben, mein neuer Liebhaber, hatte damit kein Problem, es überraschte mich immer wieder mit neuen Situationen, in die ich geriet. Menschen, die ich kennenlernte, oder einem Strauß Blumen, den jemand liebevoll für mich auf den Tisch stellte.

Mein neuer Liebhaber war die Liebe selbst. Das größte Geschenk, das mein neuer Liebhaber, die Liebe, mir machte, war, dass sie mir das Gehör wiederschenkte. Ich kann heute wieder vollständig hören. Wie genau das passierte, habe ich in meinem Buch: „Das gebrochene Herz – mein Weg der Selbstheilung" beschrieben. Es geschah, als ich der Liebe vollkommen vertraute, dass sie mich heilen kann.

Die Liebe ist etwas ganz und gar Persönliches.

Ich lernte, dass die Liebe jedem anders erscheint. Eines meiner Seminare in der Persönlichkeitsentwicklung mit Pferden heißt: „Über Liebe".

Die Pferde in meinen Seminaren zeigen dieselbe Kraft wie Delfine: Sie berühren die Herzen der Menschen. Und jeden Menschen berühren sie auf eine andere Weise.

Die Pferde sind wie alle Tiere, wie alle Natur, personifizierte Liebe. Und sie zeigen uns, dass Liebe immer etwas Persönliches ist und nie etwas abstraktes Gesichtsloses. Wenn es gerade kein menschliches Gegenüber in unserem Leben gibt, zeigt sich die Liebe in einer anderen ganz und gar persönlichen Gestalt. Wir müssen sie nur erkennen.

In meinen Seminaren kann ich das in unendlich

vielen Varianten beobachten und keine gleicht der anderen. Die Liebe hat in jedem Augenblick ein anderes Gesicht. Und irgendwie sind wir nie darauf vorbereitet, und irgendwie findet die Liebe immer einen Weg, uns tiefer zu berühren, als wir es je erwartet hätten.

Nachdem ich das so oft erlebt habe und nachdem die Liebe mich im letzten Jahr selbst so existenziell berührt hat, habe ich großen Respekt gewonnen vor der Liebe. Ich habe gelernt, dass wir keine Macht gegenüber der Liebe haben, aber dass wir uns hingeben können und erleben, dass die Liebe uns nährt und trägt und schützt und glücklich macht.

Ich verstehe auch, dass jeder in diesem Buch der Liebe auf eine andere Art begegnen wird. Deswegen ist es mir wichtig, dass du verstehst, dass die Liebe deine Lehrerin ist und nicht ich oder das Buch.

Ich und das Buch überbringen nur die Botschaft. Das ist genauso wichtig, denn die Liebe braucht Botschafter und sucht sich Botschafter wie mich oder dich. Dennoch bleibt die Quelle immer die Liebe selbst.

 **Deine Aufgabe**

Bitte frage dich, wie und was die Liebe dich in diesen Tagen lehrt. Wenn du gerade eine Liebesgeschichte mit einem anderen Menschen erlebst, mache den

Schritt von der Liebe zu diesem Menschen zur Liebe der Liebe. Frage dich nicht, was dieser Mensch dich lehrt, sondern was die Liebe dich lehrt in Gestalt dieses Menschen. Vielleicht lehrt die Liebe dich auch in Gestalt eines Tieres oder eines Baums oder deines eigenen Herzens.

Bitte mache ein paar Notizen. Was mich die Liebe heute lehrt:

♡

_____

_____

_____

_____

_____

_____

_____

_____

_____

OHNE LIEBE KEINE WAHRHEIT, OHNE WAHRHEIT KEINE LIEBE

Ihr merkt schon, wir fallen immer tiefer in die Arme der Liebe. Und das Fallen macht zwischendurch ganz schön Angst. Die nächste Lektion der Liebe gehört auch zu denen, die man lieber verschiebt, um stattdessen ein Eis mit Sahne zu essen. Wir Menschen sind ja große Betrüger und in der Liebe kriegen wir das gnadenlos aufs Brot geschmiert.

Fall 1 (weit verbreitet): **Ich wurde betrogen von ...** Bitte fülle aus, was dir einfällt.

_____

_____

Jede und jeder von uns wurde schon mal betrogen in der Liebe. Wenn nicht, bist du erleuchtet und die letzte Rettung der Menschheit. Dann musst du jetzt nicht weiterlesen.

Zum Thema Betrug sagt die Liebe:
Wenn du glaubst, dass du von XYZ betrogen wurdest, hast du vergessen, dass XYZ eine Gestalt waren, in der ich dir erschienen bin. Du bist nicht von XYZ betrogen worden, sondern von mir.

Da ich aber niemanden betrüge, sondern nur antworte auf etwas, was du gesagt oder getan hast, bist du von dir selbst betrogen worden. Das meine ich nicht als Kritik. Es ist nur so, dass aus dem Wald zurückkommt, was man in den Wald hineinruft.

Wenn dir also klar wird, was du hineingerufen hast, um eine solche Antwort zu bekommen, dann hast du's. Dann verstehen wir uns ab sofort noch besser. Dann wird unsere Liebe noch ein Stück größer und faszinierender.

 **Deine Aufgabe**

Ich, die Liebe, frage dich deshalb, wo hast du dich selbst betrogen in der Liebe? Die Antwort wird nicht ganz leicht zu finden sein, denn wahrscheinlich läufst du nicht bewusst als Betrüger durch die Welt. Es geht auch nicht darum, dich selbst zu verurteilen. Sondern nur darum, die Zusammenhänge zu erkennen, weil das für dich befreiend sein wird. Du wurdest betrogen, weil etwas in dir selbst gemerkt hat, dass etwas an dem Ganzen nicht zu dir passt und dich unglücklich machen wird, langfristig.

Etwas in dir hat gesagt, dass auf dich etwas anderes wartet, das deinem Potenzial noch viel mehr entspricht, wo du noch viel mehr Liebe leben kannst, wo eine noch größere Herausforderung auf dich wartet.

Ja, etwas, wozu du noch mehr Mut brauchst, etwas, was dir jetzt noch nicht bewusst ist, aber ein Teil von dir weiß es schon.

Beantworte also bitte diese beiden Fragen:

Wo oder wie hast du selbst die Situation und den Menschen innerlich betrogen oder nicht ganz die Wahrheit gesagt?

_____

_____

_____

_____

_____

Welches größere Potenzial vollkommen frei zu lieben wartet auf dich?

♡

_____

_____

_____

_____

Vielen Dank! Ja, ich danke dir hier, nicht nur weil ich höflich sein will, sondern weil ich Respekt habe vor jedem, der sich diesen Fragen stellt.

Da ich selbst big time verlassen wurde, weiß ich, dass man in dieser Situation nicht auch noch die Verantwortung bei sich selbst suchen möchte. Das Gute aber, wenn man versteht, dass an einem Liebesbetrug immer zwei beteiligt sind, ist, dass man aus der Rolle des Opfer herauskommt.

Fall 2 (weit verbreitet): **Niemand liebt mich so, wie ich bin.**
Es ist wirklich interessant, dass fast jeder Mensch bestimmte Ideen mit sich herumträgt, warum er nicht geliebt wird. Fast jeder Mensch glaubt auch, dass er der oder die Einzige ist, der oder dem es so geht.

Wir glauben, dass um uns herum alle glücklich

verliebt sind, und das nur wir die Außenseiter und Misfits dieser Welt sind.

Ich zum Beispiel bin überzeugt, dass ich einfach zu verrückt und freiheitsliebend bin, um so geliebt zu werden, wie ich bin. Ach so ... und das kommt noch dazu: zu stark! Zu stark für die Liebe.

Hohoho, höre ich die Liebe lachen: „Wenn du zu stark bist für die Liebe, für was hältst du mich dann eigentlich?" ... „du Pimpf" ... das sagt die Liebe nicht, das habe nur ich hinzugefügt, weil mir klar wird, wie jämmerlich das Ganze ist.

Ja, diese Überzeugungen, die wir da mit uns herumschleppen, sind jämmerlich und wir merken es erst, wenn wir eine Lupe draufhalten. Und wenn wir es merken, sind wir befreit. Denn jedes Mal, wenn uns der Gedanke anfliegt, dass wir beispielsweise zu stark sind für die Liebe zu einer bestimmten Person, dann können wir einen Schritt weitergehen und sagen: „Die Liebe ist stärker als ich. Wo ist die Liebe?"

Anmerkung für alle, die sich in der Liebe als „die Starken" fühlen: Obwohl wir alle versuchen, stark zu sein und auch oft stark sind, fühlt es sich nicht immer gut an, in der Liebe der oder die Stärkere zu sein. Es ist wirklich wichtig, sich zu erinnern, dass die Liebe immer die Stärkere ist.

Du wirst geliebt, so wie du bist. Alles andere ist Bullshit.

Dieser Satz ist nicht etwas, das man sich selbst einreden muss, sondern eine sogenannte nackte Tatsache.

Wenn wir mal all den konditionierten Müll beiseitelassen, den die Menschheit im Lauf der Zivilisation angehäuft hat, kommt darunter ein reiner energetischer Prozess zum Vorschein.

Man muss sich das Ganze so vorstellen: Wir alle sind Fische im Wasser der Liebe. Wenn Fisch Lilli auf Fisch Benedikt trifft und Lillis energetisches Set up mit dem energetischen Set up von Fisch Benedikt übereinstimmt, dann schwimmen die beiden gern zusammen und weil sie sich zusammen wohler fühlen als allein, weil ihre energetische Frequenz erhöht wird, wenn sie zusammen sind, wollen sie auch zusammen bleiben. Zusammen sind sie stärker und glücklicher als allein.

Was ich damit sagen will, ist: Du kannst nur für das geliebt werden, was du bist, weil Liebe eine energetische Übereinstimmung, Frequenzaktivierung oder Frequenzpolarisierung ist, also etwas, das Energie und Schwingung erzeugt. All das findet jenseits unseres Verstandes und jenseits unseres Urteils statt. Wir fühlen es. Wir nennen es „Chemie" oder „auf der gleichen Wellenlänge sein".

Wenn du das Gefühl hast, du wirst nicht so geliebt, wie du bist, dann ist dein Augenmerk auf „geliebt werden, wie ich zu sein scheine". Dann bewegst du dich unter Menschen, wo der Schein wichtiger ist als das Sein und versuchst für etwas geliebt zu werden, das du darstellst, anstatt für etwas, das du bist. Liebe ist das dann aber nicht, sondern Bullshit. Und du wirst es merken, früher oder später …

 ## *Deine Aufgabe*

Suche in dir die Stimme, die sagt: „Niemand liebt mich so, wie ich bin." Jeder von uns hat diese Stimme. Eine Variante davon ist: „Niemand versteht mich." Oder: „Ich verstehe die anderen nicht."

Mit welchem Menschen hast du solche Gedanken oder: In welcher Gemeinschaft hast du solche Gedanken, zum Beispiel in deiner Familie, an deinem Arbeitsplatz, in deinem Freundeskreis …

Bitte notiere:

_____

_____

_____

_____

_____

Bitte denke jetzt an einen Menschen oder an eine Gemeinschaft, wo du dich geliebt fühlst, genau so wie du bist. Bitte notiere:

♡ _____

_____

_____

_____

_____

Bitte fühle jetzt den Unterschied. Du weißt jetzt, wo du findest, was du suchst. Und weil du es weißt, wirst du mehr davon finden.

Liebe finden wir nur unter den Menschen, wo wir geliebt werden für das, was wir sind. Und es ist unsere Aufgabe, die Menschen zu finden und bei ihnen zu bleiben.

Liebe beginnt mit dem Ehrlichsein gegenüber sich selbst. Es ist zwar nicht immer einfach, sich selbst gegenüber ehrlich zu sein, aber das Gute daran ist, dass wir es in der Hand haben. Wir können in uns gehen und die Wahrheit herausfinden. Unsere Wahrheit.

Wir können lernen, sie zu erkennen, unter all den vielen Gedanken, Überzeugungen und Wahrnehmungen.

Wir können lernen, wie sich Wahrheit anfühlt. Wahrheit fühlt sich an wie Liebe. Wahrheit ist etwas, das uns Kraft gibt, das uns Stille verleiht, das uns tröstet, das uns inspiriert. Wahrheit fühlt sich gut an, auch wenn es eine traurige Wahrheit ist.

Die energetische Frequenz des Universums, der Natur und aller Lebewesen ist Wahrheit. Nur in der Wahrheit ist Verbindung möglich und Liebe. Alles andere sind energetische Störfrequenzen, die Beziehungen abbrechen lassen und gar nicht erst entstehen.

Fall 3 (weit verbreitet) **Ich verliebe mich immer in die oder den Falschen.**

Was mache ich nur falsch?

Petra schildert es so: „Zuerst bin ich begeistert, ich bin 100 % sicher, dass es diesmal der Richtige ist. Dann passiert etwas, … es passiert immer etwas …, es passiert zwar immer etwas anderes, einmal taucht eine alte Flamme auf, mit der er wieder zusammenkommt, einmal zieht er in ein anderes Land aus Karrieregründen, oder er entdeckt ein neues Hobby, das alle seine Zeit absorbiert. Auf alle Fälle ist es etwas, wo ich machtlos bin. Meine Freundinnen haben glückliche, langjährige Beziehungen, nur ich nicht."

Hierzu sagt die Liebe: „Du weißt schon, dass ich größer bin als du, oder? Ich bin höher als der Mount Everest und kannst du den besteigen? Nein? Wie kannst du dann erwarten, dass du mit 1 × Augenzwinkern beim Happy End ankommst?"

Dann sagst du: „Aber die anderen können es doch auch!"

Die Liebe sagt: „Weißt du, was die anderen denken, fühlen oder tun? Bist du 24 Stunden in ihrem Körper, in ihrer Seele? Wie kannst du dich vergleichen mit irgendjemandem, wenn du nicht einmal weißt, wer du bist?"

Dann sagst du: „Was kann ich tun, um meine große Liebe zu finden?"

Die Liebe sagt: „Was weißt du über die Liebe? Was weißt du über dich? So viel ich weiß, liebst du Strohfeuer und gibst schnell auf."

Die Liebe gibt nicht immer nette Antworten. Die Liebe ist ein knallharter Lehrer. Aber die knallharten Lehrer sind die Besten, da lernt man am wirksamsten. Die knallharte Lehrerin Liebe sagt dir:

Wenn du die oder den Falschen liebst, liebst du falsch.

Das willst du natürlich nicht hören, deswegen wirst du weiterhin den oder die Falsche lieben. Das ist nicht schlimm.

Denn wir sind ja hier, um zu üben und du übst ja schon ... du hast schon das halbe Buch durchgearbeitet.

Die Liebe ist eine Schule. Ich finde, das ist eine sehr gute Nachricht. Auf alle Fälle ist es eine bessere Nachricht als: Die Liebe ist Schicksal, da kannst du gar nichts tun.

Zu glauben, dass die Liebe Schicksal ist und du nichts tun kannst, ist deprimierend. Außerdem stimmt es nicht.

Wir können unglaublich viel tun, um lieben zu lernen. Liebe ist ein ansteckendes Gefühl und je mehr du liebst, desto mehr wirst du geliebt werden. Das ist unausweichlich.

Das ist ein energetisches Grundgesetz. Ich finde, das ist eine sehr gute Nachricht!

 ## Deine Aufgabe

Hier kommt deine nächste Aufgabe in der Schule der Liebe:

Stell dir vor, du könntest dich selbst von außen sehen, so wie du einen anderen Menschen sehen kannst. Bei anderen ist es immer viel einfacher, zu sehen, wohin sie sich entwickeln können als bei sich selbst. Deshalb probiere mal dich selbst wie eine andere zu sehen. Bitte beschreibe dich jetzt ganz ehrlich in deinem Liebesverhalten. Wie liebst du?

♡ _____

_____

_____

_____

_____

Lies jetzt bitte durch, was du über dich geschrieben hast. Sei jetzt dein eigener Coach, jemand, der in deinem besten Interesse handelt.

Welchen Rat hast du für dich selbst? Wie kannst du lernen, noch besser zu lieben? Sei eine knallharte Lehrerin mit dir selbst. Tu es mit Liebe und bleibe bei der Wahrheit.

♡ _____

_____

_____

_____

_____

Atme jetzt einmal tief durch. Das hast du gut gemacht!

Es gibt nur eine Wahrheit: Deine

Irgendwas in uns sucht nach Regeln, nach Anleitungen, nach sicheren Rezepten für die Liebe. Aber wenn es ein Gebiet gibt, wo es keine Regeln gibt, dann ist es die Liebe. Regeln sind tödlich für die Liebe, denn die Liebe ist etwas vollkommen Freies und Verrücktes und etwas absolut Persönliches.

Sie ist so persönlich wie der Traum, den du heute Nacht geträumt hast und den niemand sonst geträumt hat. In dem Augenblick, wo du glaubst, dass jemand anderer dir sagen kann, wen, was oder wie du lieben sollst, stirbt die Liebe.

Jeder Mensch weiß, wie man liebt, genauso wie jeder Mensch weiß, wie man isst, trinkt und schläft. Alles andere ist vielleicht unterhaltsam und inspiriert dich. Aber nur du weißt, ob es wahr ist: für dich.

DIE LIEBE KOMMT AUS DER WILDNIS

Diese Lektion besteht nur aus einer Aufgabe.

Bitte lies dir den Text durch und notiere am Ende eine Zeile dazu, die dir spontan in den Sinn kommt.

> **Die Liebe kommt aus der Wildnis**
> *Wenn du nicht mit ganzem Herzen liebst,*
> *wird die Liebe dich anfallen wie ein*
> *hungriges Tier.*
> *Sie kann nicht anders.*
> *Wir alle, jeder und jede von uns wird früher*
> *oder später von ihr zerkratzt, zerbissen,*
> *zerbrochen.*
> *Wir sind rein geboren, aber das Leben ist zu*
> *schmutzig, ... glauben wir.*
> *Das macht uns die Liebe glauben.*

♡ 190 🕊

Das Leben ist nicht zu schmutzig, es
erscheint uns nur so,
während wir zum zweiten Mal geboren
werden, in die Reinheit der Liebe.
Jeden Tag fordert die Liebe das Unmögliche
von uns:
die Geburt der Liebe.
Während wir die Liebe gebären, versuchen
wir sie festzuhalten, ihr einen Namen zu
geben, einen Vertrag.
Aber die Liebe kommt aus der Wildnis, wo es
keine Verträge gibt.
In der Wildnis gibt es keine Verträge, dafür
gibt es Gesetze.
Das Gesetz der Wildnis ist, dass die Liebe
immer siegt.
Die Wildnis führt Krieg gegen die
Lieblosigkeit.
Das ist ihr erstes Gesetz.
In der Wildnis gehen die Lieblosen unter.
Nur die Menschen haben es geschafft,
Maschinen und Gesetze zu erfinden, um sich
zusammenzurotten gegen die Liebe.
Aber die Liebe führt einen heiligen Krieg
gegen die Feigheit.
Die Liebe ist die letzte Wildnis, die uns ge-
blieben ist.
Die letzte Schönheit, die letzte Wahrheit, die
letzte große Lehrerin.

Wir müssen keine Angst haben.
Ein Mann oder eine Frau mag uns verlassen.
Die Liebe verlässt uns nicht.
Wir müssen keine Angst haben vor der Liebe.
Wir müssen Angst haben vor der
Bequemlichkeit.
Die Liebe hat einen Mut, der alles sprengt.
In der Liebe können wir nichts falsch machen.
In der Liebe sind wir nicht falsch.
Auch wenn sie uns erschreckt,
im Erschrecken öffnet die Liebe unser Herz.
Sie kommt auf uns zu wie ein wilder Wind.
Zu schnell, zu stark, zu mächtig.
Sie zwingt uns in die Knie.
Sie wirft uns zu Boden.
Und wenn wir schreien und fluchen,
wenn wir um uns schlagen
und vor Angst verstummen,
dann hebt sie uns auf – immer wieder.
Unersättlich, immer wieder.
Und wenn wir wieder aufstehen
und wieder anfangen,
die Liebe zu bekriegen –
der Liebe kann das nichts anhaben.
Nur uns selbst.
Das ist unsere Chance.
Wenn wir gegen die Liebe verlieren,
gewinnen wir das Leben.
Das ist die Art, wie die Liebe uns segnet.

Sieh ihr ins Gesicht und sage:
Ich weiß nichts. Ich kann nichts. Ich habe
nichts in der Hand.
Dann wird die Liebe dir alles geben. Alles.

Bitte notiere, was dir spontan in den Sinn kommt:

_____

_____

_____

_____

_____

_____

_____

_____

_____

_____

VERWANDLE DEINE
ANGST IN LIEBE

DIE LIEBE DER TIERE

Das Wesentliche, das ich über die Liebe gelernt habe, habe ich von Tieren gelernt. Ja, von Tieren.

Hauptsächlich von Pferden.

Von Pferden kann man es leicht lernen, zum einen, weil es viele Pferde gibt, zum anderen weil sie so groß sind und unübersehbar und noch aus tausend anderen Gründen, über die ich andere Bücher geschrieben habe. Es ist nicht das Thema dieses Buches, was zwischen Pferden und Menschen im Detail passiert.

Wichtig ist nur eine Sache: Pferde und die Natur haben mir gezeigt, dass Liebe ein Fakt ist und keine Einbildung unserer grenzenlosen menschlichen Phantasie.

Ich bin Pferden zu großem Dank verpflichtet, denn sie haben mich erfahren lassen, dass Liebe absolut real ist.

Vor allem habe ich von Pferden etwas gelernt über Angst, das in der Menschenwelt nicht bekannt ist: Nämlich, dass Angst ein konditioniertes Gefühl ist, das keinerlei Realität besitzt. Eine Folge davon ist, dass wir vergessen haben, dass unsere Natur Liebe ist.

In der Menschenwelt haben wir eine riesige Angst davor, mit offenem Herzen durch die Gegend zu laufen. Sobald wir einem anderen Menschen begegnen, machen wir das Herz zu, aus Angst, wir könnten verletzt werden.

Deshalb gehen wir in die Natur, weil wir da mit offenem Herzen spazieren gehen können und uns hinterher erfrischt fühlen. Es ist genau genommen nicht die Natur, die uns erfrischt, es ist nicht das Holz der Bäume oder das Chlorophyll der Pflanzen, sondern die Energie der Tiere und Pflanzen, die uns erlaubt, unser Herz zu öffnen, ohne Angst haben zu müssen, dass sie uns verletzen werden. Ein Tier verletzt niemals dein Herz. Die Natur nährt unsere Herzensenergie, weil die Natur selbst reine Herzensenergie ist.

Elefantenliebe

Diese Geschichte passierte Laura, die in Thailand auf einem Elefanten ritt. Lauras Freund hatte zwei Wochen zuvor mit ihr Schluss gemacht. Er war ihre große Liebe gewesen, sie hatten zusammengelebt und sie waren ein glückliches Paar gewesen. So war es ihr zumindest erschienen. Lauras Herz war gebrochen wie nie zuvor. Sie liebte Elefanten und hatte überhaupt einen guten Draht zu Tieren, aber jetzt hatte sie den Draht zu allem verloren. Da hörte sie eine Stimme in ihrem Kopf, die unmöglich aus ihr selbst kommen konnte. Sie hörte einen vollständigen Satz, den sie unmöglich selbst hätte formulieren können. Der Elefant sagte zu ihr: „My love is big enough for both of us." (Meine Liebe ist groß genug für uns beide.) Es verblüffte sie und es rührte sie.

Wie konnte der Elefant spüren, was mit ihr los war? Und wie konnte er den genau passenden Trost für sie finden?

Diese Geschichte sagt alles über das Wesen der Liebe. Liebe spürt den anderen genau und Liebe möchte den anderen beschützen, trösten, heilen und glücklich machen. Das ist die Natur der Liebe.

In der Menschenwelt verlangt man von uns, dass wir uns verstellen. In der Natur verlangt man von uns, dass wir echt und wahr sind.

Die Liebe, wie die Natur, verlangt von uns, dass wir aufhören mit dem Sich-Verstellen. Das erkennt man sehr gut am Umgang mit der Angst. In der Menschenwelt verstecken wir unsere Angst, denn wir glauben, dass wir dann als schwach gelten und dass unsere Schwäche ausgenutzt wird. Wenn man aber genauer hinschaut, passiert etwas anderes: Es ist nicht die Angst, die uns schwächt, sondern die Angst vor der Angst!

Die Natur lehrt uns, dass wir, wenn wir unsere Angst nicht verstecken, sich unsere Angst in Mut verwandelt. Und dass wir Hilfe bekommen. Wir bekommen Hilfe in Form von Liebe, wie der Elefant es Laura gezeigt hat. Mut zur Liebe ist das Gegengift für unsere Angst.

Ich will jetzt hier wirklich keine einfachen Formeln für ewigen Frieden und Glückseligkeit verbreiten, auch wenn die Formeln letztlich einfach sind. Wir Menschen sind nur als Spezies so von Angst getränkt, dass das Maß an Liebe, das wir als Gegengift brauchen, manchmal einfach zu groß ist, um es mal eben aus dem Hut zu zaubern.

Das macht aber nichts, denn wir sind auf dem Weg dahin. Und die Liebe ist eine Schule, in der jeder Schritt Frieden und Glück und Power bringt.

Warum nimmt ein Elefant in Thailand Kontakt auf zu einer jungen Frau aus Deutschland, die er nie zuvor gesehen hat? Warum fühlt er sich in sie ein und gibt ihr, was sie braucht? Wie kann er in einer Augenblicksbegegnung ein gebrochenes Herz berühren und Laura das Gefühl geben, gesehen und geliebt zu werden? Ganz ohne Worte. Ganz ohne darum gebeten geworden zu sein, ganz ohne dafür bezahlt zu werden? Für mich ist das immer wieder ein Wunder.

Wenn du jetzt sagst, dass das Ganze wahrscheinlich nur in der Fantasie von Laura stattgefunden hat, kann ich dich vollkommen verstehen. Das hätte ich vor zehn Jahren auch gesagt. Inzwischen habe ich eine Million und ein Mal erlebt, dass Pferde und andere Tiere Menschen trösten, Menschen heilen, Menschen lehren und Menschen lieben auf eine Weise, dass ich sie nur als liebende und erleuchtete Wesen sehen kann.

Keine Einbildung. Sondern umgekehrt: Alles andere ist Einbildung!

Die Welt, die wir Menschen uns gebaut haben, ist eine Einbildung.

Das wäre nicht weiter tragisch, wenn sie nicht so lieblos wäre.

Unsere eingebildete Welt hat das Ziel unsere Angst zu verbergen und deshalb macht sie uns lieblos. Zusätzlich macht sie uns auch noch blind für den Zustand, in dem wir uns befinden. Wenn du aber einmal die Liebe der Tiere gespürt hast, oder wenn du einmal mit einem Menschen die pure, bedingungslose Liebe gespürt hast, kannst du nicht mehr zurück. Warum solltest du in eine Welt der Zerstörung und

Selbstzerstörung zurückkehren? Das wird einfach nicht geschehen.

Warum tut der Elefant in Thailand das? Warum tun Tiere das? Sind sie romantisch und sentimental? Sind sie übertrieben selbstlos? Haben Sie ein Helfersyndrom? Sind sie liebessüchtig? Fehlt es ihnen an Selbstliebe? Können sie nicht mit sich allein sein und müssen deshalb andere mit ihrer Liebe belästigen? Müssen Sie überall ihren Senf abgeben? Sind sie blauäugige Idealisten und Weltverbesserer? Wollen Sie sich eine Beförderung erschleichen? Sind sie Schleimer? Sind sie aufdringlich und unsensibel für die Bedürfnisse anderer? Sind sie egoistisch? Sind sie rücksichtslos? Müssen sie alles besser wissen?

Ich nehme mal an, du kannst dir diese Fragen selbst beantworten.

Meine Antwort lautet:

Tiere lieben, weil man damit am besten überlebt.

Die Evolution hat die Liebe als wichtigsten Überlebensfaktor herausgefiltert.

Nur bei der Menschheit steckt sie noch im Experimentierstadium fest. Der Mensch ist zwar außerordentlich überlebensfähig, aber auch außerordentlich selbstzerstörerisch. Der Faktor, den die Menschen bei ihrer Überlebensfähigkeit am meisten aus den Augen verlieren, ist die Liebe.

Bei all den Kämpfen um Glauben und Religion und die richtige Weltanschauung wird der hartnäckigste Kampf um den Glauben ausgefochten, dass wir ohne Liebe überleben könnten.

Den Kampf, das sagte uns schon Karl May mit der Stimme von Winnetou: Den habt ihr schon längst verloren.

Die Natur zeigt uns, dass Liebe Energie ist.

Der Elefant in Thailand konnte Lauras Herz berühren und ihre Liebe wecken, ohne dass er ein gut aussehender Jüngling war, ohne dass er sie mit großen seelenvollen Augen ansah, ohne ein laut ausgesprochenes Wort.

So geht es uns auch, wenn wir mit offenen Sinnen durch die Natur gehen. Wir öffnen uns für unsere innere Weisheit, wir fühlen uns verbunden. Wir fühlen den Spirit der Natur, die Lebendigkeit, das Wachstum. Wir fühlen, dass alles zusammengehört, dass sich alles gegenseitig nährt.

Die Liebe ist in ihrer Essenz Energie. Deshalb können wir sie überall spüren. Energie ist grenzenlos. Wir sind Energie und wir sind umgeben von Energie. Energie, die sich bewegt, die Verbindung herstellt, die als Anziehung und Abstoßung zu spüren ist und als Liebe.

Die Quelle der Energie ist Liebe. Ich verstehe, dass es hier für dich ein wenig mysteriös werden könnte. Ich will nicht so tun, als hätte ich die Formel um die Liebe gelöst. Die Liebe ist ein Mysterium.

Ich darf es erfahren und weiß zugleich, dass die Liebe viel größer ist als alles, was ich bisher erfahren habe. Ich weiß aber auch, dass die Quelle alles Lebendigen die Liebe ist. Nicht nur das Gefühl der Liebe, sondern die Liebe als geheimnisvolle Energie, die alles bewegt.

Die Liebe in ihrer puren Form ist jenseits von Gedanke, von Gefühl, von Form, von Wunsch, von Absicht, von Wollen, von Wissen. Und dennoch ist sie ganz real.

Ich betrachte es als große Gnade, dass ich die Liebe erfahren durfte und darf in Gestalt von Pferden. Dass die Pferde mir und den Menschen, die in meine Workshops kommen, zeigen, dass diese Liebe ganz real ist, aus Fleisch und Blut.

Dass sich Lebewesen, inklusive des Menschen, hier auf dem Planeten Erde in bedingungsloser Liebe begegnen können. Dass es möglich ist. Ich empfinde es auch als große Gnade, dass ich lernen darf, was dazugehört, eine solche Liebe zu leben. Eine größere Gnade gibt es für mich nicht ...

Deine Aufgabe

Bitte erinnere dich an einen Augenblick der puren Liebe, die du gegenüber einem Tier oder in Gegenwart eines Tieres empfunden hast. Wenn du im Augenblick kein Tier in deinem Leben hast, erinnere dich an ein Tier, das du vielleicht einmal gekannt hast oder an ein Tier aus einem Film! Es spielt keine Rolle, wo das Tier in deinem Leben aufgetaucht ist, entscheidend ist nur das Gefühl purer Liebe. Bitte notiere dazu ein paar Gedanken:

♡
_____

_____

_____

_____

_____

Wenn wir unsere Angst in Liebe verwandeln wollen – das zeigt uns die Natur, müssen wir dieser Angst erst ganz ehrlich begegnen.

In dieser Ehrlichkeit gegenüber uns selbst, begegnen wir der puren Liebe. In der puren Liebe verwandelt sich unsere Angst und wir sind frei.

Der Elefant, der Lauras gebrochenes Herz tröstete, tat es, weil er selbst dadurch Liebe erfuhr.
Liebe ist etwas, das wir teilen.

Liebe wächst, wenn wir sie teilen.

Das ist das Grundgesetz des Überlebens. Diese höchste Form von Überlebensintelligenz praktizieren Tiere. Sie ist unserer menschlichen Intelligenz weit überlegen. Weil unsere menschliche Intelligenz die Liebe nicht als wesentlichen Faktor erkennt. Die Überlebensintelligenz der Tiere ist keine Theorie. Liebe ist Erfahrung. Sie ist da, wo sie erlebt wird. Das ist alles.

LIEBE BRAUCHT SCHUTZ

Gerade weil die Liebe so mächtig ist und weil wir so sehr verletzt werden können, müssen wir behutsam mit uns umgehen, wenn wir der Liebe begegnen wollen.

Unser energetisches System, so nenne ich die Ganzheit unseres Körpers, unserer Gefühle, unserer Gedanken und unseres Bewusstseins, hat sich im Lauf unseres Lebens eine große Zahl von Schutzschichten zugelegt, um uns vor Verletzungen zu schützen. Das ist etwas ganz Instinktives, so wie wir nicht an eine heiße Herdplatte fassen, wenn wir uns die Finger verbrannt haben. Wenn wir uns im übertragenen Sinne die Finger an der Liebe verbrannt haben, werden wir das nächste Mal vorsichtiger handeln.

Manche dieser Schutzschichten sind sinnvoll, wie die Burgmauern und Zugbrücken im Mittelalter, andere sind so überflüssig wie die Junkdateien, die sich auf einem PC ansammeln.

Ab und an braucht unser System eine Reinigung, um sich von überflüssigen energetischen Schutzwällen zu befreien.

Ab und an braucht unser System aber auch eine Reinigung, um neu entstandene Sicherheitslücken herauszufinden und zu schließen.

Das Thema innere Sicherheit ist zentral, wenn es um die Liebe geht. Wir alle haben eine klare innere Stimme, wenn es um unseren Selbstschutz geht, aber wir hören nicht immer darauf.

Wir hören nicht darauf, weil unsere Angst uns betäubt, weil wir von zu vielen Dingen umgeben sind, die unsere Gier wecken, weil wir zu viele Wunden haben, die wir mit unwirksamer Medizin zu heilen versuchen.

Wenn wir mit Wunden in den Krieg ziehen, sind die Überlebenschancen für die Liebe nicht sehr gut.

Ich möchte dir die Geschichte von Gina erzählen. Gina hatte eine große Verletzung in der Liebe erlitten. Der Vater ihrer zwei kleinen Kinder, mit dem sie sich ein gemütliches Heim eingerichtet hatte, hatte immer häufiger Affären mit anderen Frauen, bis sie ihn schließlich vor die Alternative stellte, die Affären zu beenden oder die Familie zu verlassen. Er verließ die Familie und kehrte in sein Herkunftsland zurück.

Ein halbes Jahr später lernte Gina einen neuen Mann kennen, in den sie sich auf den ersten Blick verliebte. Es war ihr wichtig, so schnell wie möglich mit ihm zusammenzuziehen. Sie wünschte sich ein Zuhause, eine Familie und einen Vater für ihre Kinder.

Ihr Wunsch war so groß, dass sie nicht merkte, wie es Gregor dem neuen Mann in ihrem Leben ging. Er war in Gina verliebt, aber er fühlte sich überfordert. Er sollte der neue Vater von zwei Kindern werden, er sollte sein Leben auf das einer neuen Frau ausrichten. Er brauchte Zeit.

In ihrer Verletztheit verstand Gina sein Zögern als Zurückweisung. Daraufhin zog sie sich selbst enttäuscht zurück. Die Beziehung brach ab.

Zwei Jahre später traf ich Gina auf der Straße wieder, mit ihren Kindern und einem neuen Mann an ihrer Seite. Sie wirkte fröhlich und selbstbewusst, und es gab einen feinen Unterschied in ihrer Energie. Ihr Selbstbewusstsein kam nicht daher, dass sie jetzt wieder einen Mann gefunden hatte.

Es kam aus einer inneren Ruhe, die sie gefunden hatte, aus einer Quelle in ihr selbst.

Deine Aufgabe

Bitte fühle dich ganz ehrlich in dich ein, in deine aktuellen Wunden der Liebe. Die Wunden mögen alt sein, aber immer noch aktiv. Vielleicht sagst du dir, ich habe keine Wunden und das stimmt, aber vielleicht schützt du dich auch nur vor ihnen und es ist dir nicht bewusst.

Stelle dich dieser Frage mit der Einstellung, dass die Begegnung mit einer Wunde Heilung und Wachstum bringt. Fühle so viel von dem Schmerz, wie du aushalten kannst, nicht mehr. Nimm dir etwas Zeit für diese Aufgabe. Fühle den Schmerz und bleibe aufmerksam. Beobachte, ob und wie der Schmerz sich in etwas verwandelt. Vielleicht in eine Weisheit, vielleicht in eine Wahrheit, vielleicht in eine innere Ruhe. Begib dich nun in die Wunde.

Notiere bitte deine Erfahrung:

♡

_____

_____

_____

_____

_____

In Ginas Geschichte kannst du zwei Arten von Schutzverhalten gegenüber der Liebe beobachten: Zum einen öffnete sie ihr Herz, trotz ihrer Verletzung, für einen neuen Mann. Zum anderen schützte sie sich beim ersten Anzeichen einer Enttäuschung vor einer neuen Verletzung.

Wenn du in einer solchen Situation bist, ist es wichtig, dass du sehr behutsam mit dir selbst umgehst. Denn ein verletztes Herz braucht mehr Schutz als ein unverletztes. Es braucht ein Pflaster, genau wie ein aufgeschürftes Knie, damit kein Schmutz hineinkommt und es sich nicht entzündet.

Ich möchte dir als ein weiteres Beispiel die Geschichte von Hannes erzählen. Hannes und seine langjährige Freundin hatten sich getrennt, weil ihre beruflichen Laufbahnen sich immer weiter auseinander entwickelten. Zuletzt lebten sie auf zwei Kontinenten und das Hin- und Herfliegen fraß ihr Geld und ihre Energie auf. Keiner von beiden konnte jedoch die Entscheidung treffen, zum anderen zu ziehen.

Die Trennung erlebte Hannes zuerst als Erleichterung, weil eine langjährige Zerreißprobe vorbei war. Aber mit der Zeit merkte er, dass er für eine neue Beziehung nicht offen war.

Er lernte andere Frauen kennen, aber das Gefühl des Verliebtseins hielt nur kurz, danach war sein Herz wieder verschlossen. Er wusste, dass es an ihm lag und nicht an den Frauen. Er fühlte, dass er von einer inneren Schutzmauer umgeben war, aber er fand den Weg ins Freie nicht.

Er merkte auch, dass er die Lebensenergie verlor und immer deprimierter wurde. Das wirkte sich auch auf seine Arbeit aus und schließlich auf seine Gesundheit. Er erlitt immer häufiger Erkältungen, die immer länger brauchten, um auszuheilen. Die Wende kam, als er sich auf eine Reise in die Wildnis von Kanada begab. Allein.

„Im Nachhinein", erzählte er mir, „habe ich erkannt, dass es eine Reise auf Leben und Tod war. Teilweise waren die Situationen, in die ich geriet, lebensgefährlich. Ich wollte es wissen!"

Auf dieser Reise kam Hannes in Kontakt mit einer inneren Kraft, die er zuvor nicht gekannt hatte. „Ich musste jeden Tag unzählige Male meinen inneren Schweinehund überwinden", sagte er. „Ich hatte keine andere Wahl."

Auf dieser Reise wurde ihm klar, dass ihm die Liebe viele Angebote gemacht hatte. Ein Jahr zuvor war er Sarah begegnet, die ihm ihre pure Liebe geschenkt hatte. Jetzt konnte er sie fühlen. Jetzt, wo er seine eigene Kraft wieder fühlen konnte, ohne die Schutzmauern, die sein Herz brauchte, um sich vor einer Verletzung zu schützen.

Noch vor dem geplanten Ende brach er die Reise ab und nahm Kontakt zu Sarah auf. Sie hatte auf ihn gewartet und empfing ihn voller Freude.

Deine Aufgabe

Bitte fühle wieder in dich hinein. Diesmal geht es um deinen inneren Schutzwall. Der innere Schutzwall kann sich in vielen Formen zeigen. Du kannst ihn als Blockade zum Beispiel in den Schultern spüren.

Wenn wir uns verteidigen müssen, ziehen wir unsere Schultern zusammen und wenn wir in einer lang anhaltenden Verteidigungsposition durch das Leben gehen, nehmen wir oft dauerhaft eine solche Haltung an. Du kannst diese innere Verteidigungshaltung auch erkennen an der Art, wie du dich verteidigst, wenn es um Dinge geht, die dir wichtig sind. Oder auch daran, wie du kleine, vielleicht unwichtige Dinge verteidigst.

Du kannst es daran erkennen, dass du dich schnell ärgerst und leicht reizbar bist. Das sind nur einige Beispiele. Ich bin sicher, du hast eine Idee und kannst etwas an dir entdecken. Wie spürst du deinen inneren Schutzwall? Bitte mache Notizen:

♡ _____

_____

_____

_____

Meistere dich selbst

Ich weiß, in der Liebe geht es um Beziehungen zwischen dir und anderen und nicht darum, eine perfekte Solonummer abzuziehen, zu beweisen, dass du in der kanadischen Wildnis überleben kannst oder 14 Schweigetage im Kloster aushältst. Was du für die Liebe brauchst, ist innere Kraft. In welcher Form du sie findest, spielt keine so große Rolle.

Viele von uns haben die Vorstellung, dass das Leben hart ist und dass wir in der Liebe unsere Sofakuschelecke haben, in der die harte Welt da draußen ausgeblendet ist.

Aber da du ja jetzt schon einige Lektionen in der Schule der Liebe gemeistert hat, weißt du, dass die Liebe die härteste Schule überhaupt ist.

Einfach aus dem Grund, weil das Glück, das wir dabei finden durch nichts zu übertreffen ist. Ja, wir werden die Sofakuschelecke finden, aber nicht als ängstlichen Rückzug mit Burgmauern, in die wir uns zu zweit eingeschlossen haben, sondern als schattige Ruheplätze, in denen wir Energie tanken für den nächsten Sturm.

Liebe ist innere Kraft. Wenn wir innere Kraft haben, brauchen wir keine Rüstungen und Panzer, dann müssen wir uns nicht selbst verteidigen, betäuben oder unser Herz verschließen.

Wenn wir innere Kraft haben, heilen unsere Verletzungen. Innere Kraft gewinnen wir, indem wir uns

Herausforderungen stellen und stets ein wenig über uns hinauswachsen. Innere Kraft ist wie Muskelkraft: Je mehr wir trainieren, desto stärker werden wir.

Liebestraining

Liebestraining ist kein Training, das wir im Fitness-Studio nebenan absolvieren können.

Liebestraining gleicht eher einem Überlebenstraining in der Wildnis. Für die Liebe müssen wir unsere energetische Wahrnehmung entwickeln. Wir brauchen unsere Intuition.

Wir brauchen eine ausgeprägte Wahrnehmung des Augenblicks, wir brauchen bedingungslose Ehrlichkeit gegenüber uns selbst und wir brauchen Wissen über das Wesen der Liebe.

Das alles werden wir in den nächsten Lektionen vertiefen. Einiges weißt du schon. Bleibe dran!

Du bist auf dem richtigen Weg. Mit jedem Schritt wird es herausfordernder und mit jedem Schritt wächst deine Liebeskraft.

Du merkst es daran, dass du dich mehr traust, dass deine Ängste verschwinden, dass du mehr innere Sicherheit spürst.

Deine Aufgabe

Bitte notiere zum Abschluss der Lektion einen Satz der dir spontan einfällt auf die Frage: Was hast du bis jetzt gelernt von der Liebe?

♡

_____

_____

_____

_____

_____

Vielen Dank!

Wir sehen uns bei der nächsten Lektion.

WIE DU DIE ANGST VOR DEM ALLEINSEIN ÜBERWINDEST

Jens, der Klammerer

Dies ist eine typische Leidensgeschichte und ich mache mich in keiner Weise lustig über Jens, denn wir alle sind Jens!

In unserer Nachbarschaft gab es eine tolle Clique von Kindern, die sich stundenlang in die Büsche schlug, um atemlose Abenteuer zu erleben. Jens wollte auch mit. Aber keiner konnte Jens leiden. Sein Spitzname war „Klebstoff". Wie eine Portion klebriger, triefender Schleim hängte er sich an unsere Fersen und holte sich unsere Schläge ab.

Wir erteilten ihm keine Backpfeifen, aber auf der Stirn jedes Einzelnen von uns stand in großen Buchstaben geschrieben: „Verpiss dich, Klebstoff!" Wie man sich da fühlt, weiß jeder von uns.

Trotzdem trat Jens jeden Tag von Neuem an, um von uns energetisch angespuckt und gedemütigt zu werden. Ganz sicher hätte er sich, wie jeder von uns, gewünscht, ein vollwertiger Ritter der Tafelrunde zu sein. Aber sein Wunsch war längst vergraben unter einem Zwang.

Das Bedürfnis nach Liebe und Nähe kann starke Zwänge wachrufen. Der Zwang ist immer ein Versuch, Liebe und Verbindung zu finden, auch wenn er das Gegenteil bewirkt.

Wir alle tragen einen Panzer aus solchen Zwängen und Kompensationen mit uns herum, die wir im Lauf des Lebens angesammelt haben.

Wenn wir diesen Panzer nicht hätten, würden wir strahlend wie die Morgensonne durch die Welt laufen und alle anstecken mit unserer Liebe. Wir hätten ausgesorgt.

Für Jens ist die tägliche Demütigung, der er sich aussetzt, eine positive Alternative zu einer Situation, die er als viel schlimmer empfindet: Das Alleinsein. Seine Angst vor dem Alleinsein ist so groß, dass er alles akzeptiert, um nur nicht allein zu sein. Seine Angst hat sich wie ein gefräßiger Borkenkäfer in seine Gefühle, seine Gedanken, in alle seine Glieder vom Kopf bis zu den Zehenspitzen hineingefressen. Sie hat ihn handlungsunfähig gemacht. Weil die anderen Kinder aus der Clique diese Angst spüren und weil sie diese Angst kennen, tun sie alles, um ja nichts damit zu tun haben zu müssen. Was Jens seiner Angst entgegen schleudern hätte müssen: „Verpiss dich!", das bekam er von uns zu hören.

Das Problem mit der Angst ist, dass sie lähmt. Sie lässt uns erfrieren. Die Herzenskraft, die wir bräuchten, um auf andere zuzugehen und unsere Angst zu überwinden, können wir nicht aktivieren.

Der Zwang, nach einem bestimmten Muster zu handeln, ist ein wilder Stier, er kann dich über den Haufen rennen und dir sein Horn in die Eingeweide bohren. Wenn der Stier erst losrennt, ist nicht mehr viel zu machen.

Wir müssen den Stier in uns erwischen, bevor er das rote Tuch sieht.

Liebe dich selbst – wie geht das eigentlich?

Wir sitzen da historisch gesehen gerade mitten in einem großen Widerspruch: In der Bibel heißt es: „Liebe deinen Nächsten wie dich selbst." Damit sind wir aufgewachsen, das haben unsere Eltern und Großeltern so gemacht oder vielleicht waren unsere

Eltern auch Rebellen und haben das Gegenteil gemacht. Jetzt, im Jahr 21. Jahrhundert, sagen uns die Lehrer der Liebe, die Coaches und Therapeuten: Liebe dich selbst, dann kannst du auch andere lieben.

Auf diesem Weg wird uns dann erst mal bewusst, dass die Liebe zum anderen, die man uns in den Anstandsschulen der Welt beigebracht hat, zwar als Liebe verkauft wird, aber dass genau genommen damit gemeint ist: „Mach es dem anderen recht. Finde heraus, was er will und dann verbieg dich und brech dich und vergiss dich, um ihm seine Wünsche zu erfüllen."

Das machen wir auch dienstfertig und sogar gern, weil wir Liebe brauchen und Angst haben vor dem Alleinsein.

Jetzt haben wir aber gemerkt, dass uns die Pflicht zu lieben, nicht glücklich macht. Jetzt fragen wir uns, was wir denn genau brauchen, um das richtige, echte, ganze, volle Gefühl der Liebe erleben zu können. Weil es unser größtes, unser schönstes, unser stärkstes, unser edelstes Gefühl ist. Das Echte.

Die Selbstliebe ist also nicht die pflichtgemäße Liebe, die wir jetzt nicht mehr auf den anderen, sondern auf uns selbst richten, sondern die Selbstliebe ist etwas anderes. Mit Selbstliebe ist gemeint, dass wir den Blick nach innen richten und uns fragen: Was fühlt sich denn wie Liebe an? Was fühlt sich denn für MICH wie Liebe an. Denn nur wenn ICH es fühle, ist es wirklich da. Dann ist Liebe Liebe und nicht die Ausübung einer Pflicht. Oder dann übe ich die Pflicht mit Liebe aus, das ist dann auch Liebe, weil es etwas Schönes ist, anderen gegenüber zuverlässig zu sein und seine Versprechungen einzuhalten.

Die Natur hat eine einfache und absolut treffende Antwort auf die Frage: Wie viel soll ich mich selbst und wie viel soll ich andere lieben?

Soll ich zuerst mich selbst oder zuerst andere lieben? Die Natur sagt: beides – gleichzeitig.

Wir müssen nicht erst üben, uns selbst zu lieben, um andere lieben zu können oder von ihnen geliebt zu werden.

Wir üben die Liebe, indem wir uns und andere lieben, jetzt im Augenblick, so gut es geht.

Die Angst allein zu sein ist unsere Urangst.

Die Angst allein zu sein ist irrational, denn wir sind Teil eines unendlichen Universums aus Energie. Wir sind nie allein. Wir können gar nicht allein sein.

Wir selbst sind Energie, alle anderen sind Energie und es gibt keine wirklichen Grenzen zwischen uns. Aber wir müssen erst noch lernen, das auch wahrzunehmen. Die Angst schneidet uns von dieser Wahrnehmung ab.

Wenn wir daran erinnert werden, dass wir mit

allem eins sind, erkennen wir es sofort wieder. Das kann ich mit so viel Sicherheit sagen, weil es der Kern meiner Arbeit in der Persönlichkeitsentwicklung mit Pferden ist.

In der Begegnung mit einem Pferd finden die Menschen die Beziehung zum anderen Wesen wieder und können erleben, dass sie ganz real ist. Gegenüber dem Pferd werden nicht die Gefühlsmuster aktiviert, die wir gegenüber Menschen entwickelt haben. Das zeigt uns dann, dass es Muster sind und keine authentischen Gefühle.

Dennoch ist die Angst allein zu sein sehr mächtig und wir müssen sie ernst nehmen. Unsere Vorfahren waren, wenn sie vom Stamm ausgestoßen wurden, kaum überlebensfähig.

Diese Urangst wird aktiviert, wenn wir in einer Gemeinschaft abgelehnt werden, wie Jens, der Klebstoff. Sie wird aktiviert, wenn uns ein Partner, mit dem wir eng verbunden waren, verlässt oder stirbt. Sie wird aktiviert, wenn wir uns in einer Gemeinschaft von Fremden aufhalten. Sie wird auch aktiviert, wenn wir einen neuen Menschen kennenlernen.

 ## Deine Aufgabe

Bitte denke an eine Situation, in der du dich allein gefühlt hast. Vielleicht bist du nachts allein an der

Bushaltestelle gestanden oder du fühlst dich allein, weil du einen Partner suchst, dich verlieben möchtest, es aber nicht klappt.

Oder du fühlst dich allein, weil du einen Partner hast, von dem du dich aber nicht verstanden fühlst. Es geht nur darum, das Alleinsein zu fühlen.

Ich weiß, es ist kein angenehmes Gefühl, aber lade dieses Gefühl bewusst ein, mit der Absicht, es besser kennenzulernen.

Bitte notiere, wie es sich anfühlt. Achte dabei besonders auf Körperwahrnehmungen.

Notiere mindestens eine Körperwahrnehmung wie: „Ich habe einen Kloß im Hals".

♡

_____

_____

_____

_____

_____

Wenn man die Angst, allein zu sein kennt, wenn man weiß, wie sie sich anfühlt, hat das einen großen Vorteil: Sie kann einem keine Angst mehr machen.

Die größte Angst, ist die Angst, die wir vor der Angst haben.

Der Schriftsteller Mark Twain bringt es auf den Punkt: „Ich hatte mein ganzes Leben viele Probleme und Sorgen. Die meisten von ihnen sind aber nicht eingetreten."

Wenn wir die Angst vor dem Alleinsein kennen, wenn wir sie begrüßen wie einen guten alten Freund, „Ah, hi! Auch wieder da. Freut mich!", fühlt sie sich gleich schon besser an.

Wir werden ein Leben lang ein Zimmer in einer Wohngemeinschaft mit ihr teilen, weil sie zur Grundausstattung unseres Daseins gehört. Die Angst weist uns einen Weg, dorthin zu gehen, wo wir hingehören, nämlich dahin, wo wir keine Angst mehr haben. Wenn wir die Angst als Wegweiser kennenlernen und akzeptieren, können wir lernen, sehr friedlich mit ihr zusammenzuleben.

Die Idee, du könntest die Angst für immer überwinden, kannst du in die Tonne treten. Die Angst ist ein Überlebensinstinkt. Ohne sie sind wir nicht überlebensfähig. Egal, um welche Angst es sich handelt. Der Deal sieht so aus: Du spürst die Angst und mit der Angst kommt der Mut.

Der Lohn der Angst ist Mut und Freiheit.

Dieser Satz klingt vielleicht ein wenig pathetisch, aber mir gefällt er, denn er bringt zum Ausdruck, dass es hier um Heldentum geht. Wenn wir uns unserer Angst stellen, ihr ins Auge schauen, ihr sagen: „Hey, Kleines, komm ruhig näher, ich hab keine Angst vor dir", dann wächst augenblicklich unser Mut. Und das ist das beste Gefühl überhaupt!

Das Gefühl von Mut verändert alles. Wenn du erst in der Mutzone bist, dann sieht dein Leben völlig anders aus. Wenn du erst den Weg in die Mutzone kennst und immer öfters dort vorbeischaust, dann ... wird dein Leben spannend.

In die Mutzone kommst du nicht, indem du beschließt, mutig zu sein, sondern indem du dich deiner Angst stellst.

Es ist wirklich wichtig, dass du das verstehst. Das ist der Unterschied zwischen positivem Denken und Prozessdenken. Positives Denken ist gut, du denkst etwas Positives und es fühlt sich gut an, du fühlst dich besser als zuvor.

Ein wichtiges Element kommt aber noch dazu: Du musst den emotionalen Prozess erleben vom *nicht so gut fühlen* zum *gut fühlen*, sonst ist der positive Gedanke nur ein Gedanke und kein Gefühl.

Ein Gefühl erkennst du daran, dass es Bewegung gibt. Gefühl ist Bewegung, Veränderung, Verwandlung.

Wenn du dich in einen Prozess begibst, dann erlebst du eine echte Wandlung. Du fühlst Angst und dann Mut. Zwei verschiedene Gefühle – und vor allem fühlst du die Verwandlung des einen Gefühls in ein anderes. Das ist das entscheidende Element.

Das ist das Gegengift gegen die Angst. Angst ist eine Erstarrung, ein erstarrtes Verhalten. Wenn Bewegung kommt, wenn die Gefühle sich bewegen, löst sich die Angst auf.

Ich möchte dich bitten, das gleich einmal auszuprobieren.

 ## Deine Aufgabe

Bitte begib dich in eine Angst, die du im Augenblick in dir finden kannst. Egal, welche Angst. (Zum Beispiel die Angst vor Spinnen, oder die Angst, zu spät zu kommen, oder die Angst, verlassen zu werden.)

Lade sie ein, sich zu zeigen und richtig groß zu werden …, fühle sie! Fühle all ihre Facetten, lerne sie kennen. Fühle, welche Wahrnehmungen sie in deinem Körper weckt. Wird dir heiß oder kalt? Hast du einen Kloß im Hals oder ein Wespennest im Magen?

Lass dich hineinfallen in die Angst und fühle, was du fühlen kannst. Dann warte, bleibe einfach dabei, egal, wie lange es dauert. Du und die Angst.

Du musst gar nichts tun.

Alles was du brauchst, ist Bewusstsein. Beobachte die Angst, während du sie fühlst.

Jetzt kommt das, was du trainieren musst: Im Hintergrund deiner Angst wird ein anderes Gefühl aufsteigen wie die Morgensonne an einem nebligen Tag. Erst unmerklich und dann immer klarer. Beobachte es.

Es ist ebenfalls Teil deiner Überlebensausstattung: Mut, der Wille zu überleben. Er wird aktiviert. Er ist stärker als die Angst.

Wenn du diesen Mut jetzt bewusst wahrnimmst, machst du ihn stärker. Bewusstsein gibt Kraft. Beobachte jetzt, wie sich Angst und Mut begegnen. Vielleicht gewinnt der Mut. Das ist gut!

Vielleicht existieren auch beide nebeneinander. Das ist auch gut!

Beobachte einfach und dann mach ein paar Notizen.

♡ _____

_____

_____

_____

_____

Vielen Dank! Das hast du gut gemacht. Herzlichen Glückwunsch! Ganz wunderbar! Bravo! Yeahhh!

Wenn du dieses eine Wesentliche mitnimmst aus der Schule der Liebe, dann machst du mich und dich glücklich und den Rest der Welt auch.

Liebe braucht Mut – und der Mut kommt, wenn man sich der Angst stellt! Mut ist unsere natürliche Überlebenskraft.

Wenn du also mit der Angst vor dem Alleinsein deinen Frieden schließen möchtest, dann mache dir diese Angst zum Freund und wandle sie in Mut. Dann wirst du nicht lange allein sein!

DIE ILLUSIONEN
DER LIEBE

BEGEGNE DEINEN ILLUSIONEN

Je weiter wir auf der Pilgerreise in die Liebe voran-
kommen, desto mehr nähern wir uns der Energie der
Verwandlung oder Transformation.

Eine Pilgerreise ist eine Reise, an deren Ende du ein
anderer Mensch bist. Eine Pilgerreise ist eine Reise, in
der du neu geboren wirst.

Diese Wandlung, diese Neugeburt hat ein entschei-
dendes Element: Du musst dich deiner Angst stellen,
dem Drachen, der in der Höhle lauert. Und dann die
Angst in Mut verwandeln.

In dieser Lektion werden wir deine Träume auslüften.

Die Liebe ist ein riesiger Spielplatz der Träume, Fantasien und Wunschvorstellungen. Manche davon machen die Liebe größer und stärker, manche rauben ihr
die Kraft.

Bevor wir anfangen, möchte ich dich bitten, deinen aktuell größten Liebestraum in ein paar Worten zu skizzieren.

Sei hemmungslos:

♡ _____

_____

_____

_____

Und jetzt beschreibe bitte noch das Gefühl, das du dabei hast, nur das Gefühl:

♡ _____

_____

_____

_____

Und jetzt beschreibe bitte noch eine Angst, die dabei aufkommt:

♡

_____

_____

_____

_____

_____

Wenn du keine Angst empfindest, hast du nicht geträumt. Jeder große Traum ist mit einer Angst verbunden. Gehe bitte noch einmal zurück zu deinem Traum und fühle die Angst.

Ich gebe dir ein Beispiel: Bernadette hat sich in einen Mann verliebt, der aus Australien kommt und sie möchte mit ihm dort ihr Leben verbringen. Ihre Angst ist, dass sie den Kontakt zu ihrer Familie in Deutschland verliert, zu ihrer Mutter, ihren Geschwistern, ihren Freunden. Zu ihrem Traum gehört beides: die Liebe zu ihrem neuen Freund und die Angst, geliebte Menschen zu verlieren.

Bitte notiere, was du vielleicht noch gefunden hast. Vielen Dank! Das war mutig.

Wenn wir uns unseren Ängsten nicht stellen, bleiben unsere Liebesträume Illusionen. Sie entfernen sich immer weiter von der Wirklichkeit und schließlich müssen wir sie begraben.

Es tut weh, Träume zu begraben, aber was noch mehr weh tut, ist: die Liebe selbst zu verlieren. Und das passiert, wenn wir unseren Träumen die Realität entziehen.

Wenn wir uns der Angst stellen, die ein großer Traum mit sich bringt, bringen wir den Traum der Verwirklichung ein Stück näher. Wie kann das sein?

Bernadette liebt Carl über alles. Sie hat ihn kennengelernt, als sie nach einem Burnout eine lange Auszeit genommen hat und durch Australien gereist ist. Sie ist sich selbst auf dieser Reise begegnet wie nie zuvor – und sie ist Carl begegnet. Er ist der Mann ihrer Träume, die große Liebe ihres Lebens. Aber was ist mit ihrem Leben in Deutschland? Und was, wenn das Leben mit Carl doch nicht so romantisch wird, wie sie es sich erträumt?

„Am Anfang kam es mir vor wie ein Verrat, all das Traumhafte zu hinterfragen, das ich mit Carl hatte. Es war, als würde ich den Traum auf eine banale Alltagsebene herunterziehen. Dann begann ich, meiner Mutter und meinen Freundinnen, von Carl zu erzählen. Sie freuten sich für mich, aber sie sprachen auch an, dass ich dann sehr weit weg von allem

Gewohnten sein würde und von allen anderen, die ich liebe. In meiner Verliebtheit hatte ich ehrlich gesagt, gar nicht daran gedacht. Mein Traum vom Leben mit Carl bekam einen Knacks. Plötzlich sah ich mich ganz realen Fragen gegenüber. Ich musste mich fragen, wie viel Substanz hat dieser Traum wirklich? Und das Überraschende war, dass meine Liebe zu Carl dadurch erst richtig Substanz bekam. Sie wurde von einem Traum zur Wirklichkeit, aber der Traum ging nicht verloren. Er trug das Ganze, er blieb bestehen, und durch diese Prüfung spürte ich erst, wie stark er war.

Lieben bedeutet, sich immer neuen Prüfungen auszusetzen. Es sind die Prüfungen, die die Liebe stark machen.

Ich möchte dir noch eine andere Geschichte erzählen: Jutta und Uwe hatten sich ein Haus gebaut. In liebevoller Kleinarbeit arbeiteten sie beide an dem Haus, das genau ihren Vorstellungen entsprach. Zu dem Haus gehörte ein Pferdestall mit zwei Pferden, eines war Juttas und eines Uwes Pferd. Der perfekte Traum! Das Haus war fertig und sie zogen ein.

„Im selben Augenblick wusste ich, dass alles vorbei war", erzählte mir Jutta. „Es war ein Schock. Ich zog die Tür hinter mir zu und setzte mich zu Uwe aufs Sofa, er hatte einen Sekt geöffnet. In mir war nur Leere. Es war ein grauenhaftes Gefühl und es war absolut real. Ich wusste, es würde sich nicht ändern. Ich hätte am liebsten meine Koffer gepackt und wäre … Uwe und ich, unsere Beziehung hatte davon gelebt, dass wir etwas zusammen geschaffen haben, aber jetzt, wo es fertig war, war da nichts mehr. All die Jahre hatten wir auf diesen Traum hingearbeitet und jetzt, wo wir ihn leben konnten, machte er mich nicht glücklich. Ein halbes Jahr später haben wir uns getrennt und mir wurde bewusst, dass ich nicht Uwe, sondern den gemeinsamen Traum geliebt habe. Verrückt, aber so war es. Ich bin hauptsächlich von mir selbst schockiert. Sind mir die Menschen wirklich wichtig, das frage ich mich jetzt oder eher die Projekte? Ich glaube, ich muss die Menschen erst mal kennenlernen – ohne ihre und meine Träume. Einfach nur die Menschen."

Die Realität ist ein wunderbarer Ort.

Wir sind umgeben, wir sind umzingelt von Liebesträumen. Denen anderer. Wir lernen die Liebe kennen, indem wir den Liebesträumen anderer begegnen. Wir fühlen, ob etwas in uns anklingt. Wir fühlen, ob unsere Liebesträume von den anderen gefühlt werden. Dadurch spüren wir uns selbst.

Mit Liebestraum meine ich etwas, das tief aus unserem Unbewussten kommt, eine Substanz, ein energetischer Code, etwas, das existiert, noch bevor es in Worte gefasst wird, noch bevor es zu Bewusstsein wird. Etwas, das wir sind, unabhängig von äußeren Umständen, etwas Unzerstörbares, etwas Unveränderliches, ein inneres Zuhause. Dorthin wollen wir alle zurück. Das suchen wir in der Liebe, diese innere Heimat.

In der Liebe suchen wir die Begegnung unserer Essenz mit der Essenz eines anderen.

Während unsere äußere Realität sich schnell verändern kann, bleibt unsere innere Realität gleich. Wenn wir sie berühren, erkennen wir sie wieder und eine tiefe Ruhe erfüllt uns.

Diesen Ort mit jemandem zu teilen, einem Menschen, einem Tier, einer Gemeinschaft, ist das größte Glück, das wir finden können. Wir suchen es ein Leben lang.

Diesen Ort nicht zu finden, ist unser größter Schmerz. Wir begegnen diesem Glück und diesem Schmerz in immer neuen Formen. Unsere Suche nach dieser essenziellen Verbindung und unser Ausweichen vor dem Schmerz, wenn wir sie nicht finden, bestimmen unsere Entscheidungen und unser Handeln lange, bevor dies in unser Bewusstsein vordringt.

Alle Lebewesen suchen Verbindung und in der Verbindung suchen wir immer größere Tiefe.

Unsere oberflächlichen Liebesträume sind Versuche, uns dieser Liebe, die wir tief in unserem Inneren kennen, anzunähern. Wir wissen, dass sie nur oberflächlich sind, wir wissen, dass in der Tiefe etwas anderes auf uns wartet. Wir wissen, dass wir den Weg in die Essenz der Liebe allein gehen müssen, dass es der Weg in unsere eigene einzigartige Essenz ist. Die Angst, dort allein zu sein, hält uns zurück. Wir wissen aber auch, dass wir nur dort den anderen finden können – in seiner einzigartigen Essenz.

Das ist das Paradox der Liebe: Nur wenn wir ganz und gar wir selbst sind, finden wir den anderen, der auch ganz und gar er selbst ist.

Die Essenz der Liebe zu suchen ist ein radikaler Weg.

Ehrlich gesagt habe ich ein wenig Angst, wenn ich anderen nahelege, die Essenz der Liebe zu suchen, weil ich weiß, dass dies ein radikaler Anspruch ist.

Ich weiß das ganz konkret, weil es meine Arbeit ist und weil ich meinen eigenen mit Hindernissen gepflasterten Weg dorthin kenne. Weil ich den Weg vieler anderer dorthin miterleben durfte. Ich kenne die Sehnsucht, ich kenne die Angst, ich kenne die Verzweiflung und ich weiß, dass dieser Weg nicht auf den ausgetretenen Pfaden entlang führt, wo links und rechts die Zuschauer stehen und applaudieren. ...

Und ich weiß, dass es nur diesen Weg gibt, auch wenn er für jede und jeden anders aussieht. Ich weiß, dass wir alle irgendwo auf diesem Pilgerweg der Liebe unterwegs sind.

Ich weiß auch, dass wir uns auf diesem Weg, auf dem wir uns gegenseitig suchen und in unserer Essenz zu erkennen versuchen, uns gegenseitig viele Verletzungen zufügen. Ich weiß, dass wir das in aller Unschuld tun, weil wir es nicht besser wissen, weil wir nicht anders können. Und dass wir trotzdem verletzt werden und andere verletzen, auch wenn wir das nicht wollen und sogar um jeden Preis vermeiden wollen. Die Liebe ist das größte Minenfeld der Welt. Und trotzdem müssen wir losziehen ...

Ich weiß auch, dass wir finden, was wir suchen und dass es nichts Größeres, nichts Wertvolleres, nichts Lohnenswerteres gibt. Dass das, was wir finden, jede Mühe wert ist.

Ich weiß, dass wir ankommen, dass es ein Paradies der Liebe gibt. Ich weiß es, weil ich es unzählige Male erlebt habe.

Die Liebe ist ein irrealer Traum, dieses Gefühl haben wir manchmal. Aber genau genommen ist nicht die Liebe der irreale Traum, sondern das, was wir unsere Realität nennen. Die Realität, die keine Liebe in sich hat, die ist ein illusionärer Traum. Wir haben die Dinge auf den Kopf gestellt:

Die Liebe ist die einzige Realität und sie ist unendlich.

Was wir Realität nennen, ist nur eine Schicht von Wahrnehmung, mit der wir versuchen, Sicherheit und Kontrolle zu finden über etwas, das im Wesen unkontrollierbar ist: die Liebe.

Was wir für Realität halten ist eine Illusion. Es ist eine Illusion angesichts der Realität, die wir in der Liebe finden.

Was wir Realität nennen ist ein Ausdruck unserer Angst. Was wir Realität nennen ist das Gefängnis, das wir uns bauen, um uns zu schützen vor unserer eigenen Sehnsucht nach tiefem Verbundensein. Das ist die verrückte Welt, die wir uns gebaut haben.

Die sogenannte Realität, die wir uns bauen, um uns vor der scheinbar unkontrollierbaren Liebe zu schützen, ist viel unsicherer und unkontrollierbarer als die Realität der Liebe, die unsere einzige unerschütterliche Heimat ist.

Der Unterschied zwischen der illusionären Sicherheit, in der wir leben und der Realität der Liebe ist: In unserer oberflächlichen Alltagsrealität tröstet uns die Gewohnheit. Die Gewohnheit gibt uns ein Gefühl von Geborgenheit und Sicherheit.

Die innere Heimat der Liebe tröstet uns auf ganz andere Weise. Hier, das wissen wir, können wir nichts verlieren, können wir nicht verlassen oder verletzt werden. In unserer inneren Heimat der Liebe ist die Verletzung eine Illusion.

Verletzt wurde nur eine äußere Schale, aber nicht der Kern, nicht die Essenz. Hier werden wir auch nicht getrennt oder verlassen: Hier sind wir mit allem verbunden. Trennung ist eine Illusion.

Wenn wir Zugang zu dieser Essenz der Liebe finden, sind wir gerettet.

Deshalb:

Deine Aufgabe

Richte deine Aufmerksamkeit nach innen und finde in dir den Ort Liebe. Finde einen Ort, der sich ganz nach DIR anfühlt. An dem sich keine fremden Figuren tummeln.

Auch nicht die große Liebe deines Lebens ☺, nein, nur DU. Stell dir vor, du kannst deine Essenz fühlen wie Goldstaub oder wie Licht, wie ein energetisches Gewitter oder einen stillen Bergsee.

Fühle DICH, fühle wie DU Liebe bist. Du bist eine einzigartige Essenz von Liebe, die es kein zweites Mal gibt. Fühle das Gefühl von Heimat, von zu Hause sein. Fühle in deiner Essenz, dass dich hier nichts verletzen kann, dass du hier nicht allein bist.

Fühle, dass du umgeben bist von anderen Wesen, die alle eine eigene Essenz von Liebe sind. Fühle, dass du hier bist mit unzähligen anderen Wesen, auf der Erde und im grenzenlosen Kosmos. Mit manchen bist du enger verbunden, mit manchen weniger eng. Mit manchen hast du einen gewitterartigen Austausch, mit manchen teilst du tiefe Harmonie und tiefen Frieden. Manche wecken eine unkontrollierbare Bedürftigkeit in dir, andere faszinieren dich durch ihre Schönheit und Anmut.

Fühle, dass du hier auf dieser Ebene der Essenz anders wahrnimmst, dass hier alles klar erscheint, dass du hier klar sehen und fühlen kannst. Dass du hier nicht mit deiner Alltagspersönlichkeit unterwegs bist, sondern mit einem Teil deiner selbst, der einer anderen Dimension angehört.

Bitte mach ein paar Notizen, einfach, um eigene Worte dafür zu finden, um ein Zuhause zu finden in deinem inneren Zuhause.

♡

_____

_____

_____

_____

_____

_____

_____

DAS TRAUMA DES

GEBROCHENES HERZENS

Wir sind weiterhin auf der Jagd nach den Illusionen der Liebe, denn die Illusionen sind das Dickicht, in dem wir uns verheddern und die Kleider zerreißen, auf dem Weg zur puren Liebe.

Die Illusionen der Liebe sind wolkige Gebilde, in die wir uns geflüchtet haben, um uns selbst zu schützen. Durch diesen Schutz haben wir uns aber auch abgeschnitten von dem, was uns heilen kann, von der Liebe.

Jede und jeder von uns hat irgendwann einmal ein Trauma des gebrochenen Herzens erlitten: Wir wurden getrennt von der Liebe. Ein Teil unserer Seele blieb zurück. Das kann bei unserer Geburt passiert sein, als wir den Schoß unserer Mutter verlassen mussten.

Das kann passiert sein, als wir Säuglinge waren, abhängig von der Liebe anderer und unsere Bedürfnisse nicht sofort erfüllt wurden. Das kann auf vielfältige Weise in unserem späteren Leben passiert sein.

Unser Körper kennt die Erfahrung der Trennung und er hat seine eigene Lösung gefunden, wie er mit dem Schock umgehen kann.

Ein Trauma ist ein Schock, den dein System mit einer Aktivierung deiner spirituellen Kraft zu heilen versucht.

Ich eröffne jetzt keine Traumatherapie mit dir, das kann ein Buch nicht leisten, aber ich will dir erklären, warum das Thema wichtig ist in einem Buch über die Liebe.

Stell es dir bitte so vor: Du bist ein physischer Körper und du bist ein spiritueller oder energetischer Körper. Beide gehören zusammen und interagieren. Wenn dein physischer Körper verletzt wird oder einen Schock erleidet, versucht, dein spiritueller Körper das zu kompensieren. Das kann ein plötzlicher Schock sein oder ein schleichender Prozess, der dich zermürbt. Wie auch immer: Du wirst auf einmal recht spirituell. Dir wird bewusst, dass du mehr bist als Fleisch und Blut. Du spürst das ganz deutlich, es ist nicht länger nur Theorie.

Viele Menschen erleben ein spirituelles Erwachen,

wenn ihnen etwas existenziell Bedrohliches widerfährt oder wenn sich ihr Leben nach und nach von ihrem wahren Selbst entfernt.

Viele Menschen erleben dann auch zum ersten Mal Heilung im Unterschied zum Gesundwerden. Sie erleben, dass Heilung eine innere Kraft ist.

Die Öffnung zu einer göttlichen Dimension der Liebe

Die Liebe gewinnt dann eine andere Dimension. Wenn du ein Trauma erleidest oder dir bewusst wirst über ein Trauma, das du früher einmal erlitten hast, findest du Zugang zu einer Art von Liebe, die etwas Göttliches an sich hat.

Deine Liebe wird plötzlich größer, allumfassender, leuchtender, größer als du selbst. Du siehst den großen Rahmen, in den deine bisherigen Liebeserfahrungen eingebettet sind. Du erkennst, dass alles von einer göttlichen Kraft geführt ist. Du hast das Gefühl, dass alles zur richtigen Zeit, am richtigen Ort, mit den richtigen Menschen passiert. Du hast das Gefühl, dass alles gut war, gut ist und gut sein wird.

Es fühlt sich an wie ein Durchbruch zur Realität hinter dem oberflächlichen Schein.

Das Trauma ist ein Weg zur Quelle der Liebe

Ein Trauma kann nur geheilt werden durch eine spirituelle Kraft.

Das liegt daran, dass ein Trauma eine Verletzung auf einer existentiellen Ebene ist. Und hier finden wir auch die Quelle aller Erscheinungsformen der Liebe. Liebe ist in ihrem Ursprung Energie und Überlebenskraft.

Ein Trauma ist wie eine Sprengung, die alles wegsprengt, was an der Liebe künstlich und aufgesetzt war. Ein Trauma reduziert die Liebe auf ihre Essenz. Und weil die Liebe schon immer Essenz war, können wir sie auch plötzlich so klar fühlen.

Wir sehen dann, dass wir mit anderen durch unsere Essenz verbunden sind und nicht durch unsere äußeren Umstände wie Status, Alter, Geschlecht und Ähnliches.

Das ist etwas unglaublich Schönes und Befreiendes, eine große Kraft, die das Trauma uns bringt. Das Trauma öffnet unsere Intuition, unsere Verbindung zum Göttlichen, unsere Fähigkeit, Visionen zu empfangen und Energie zu lesen und es öffnet uns den Zugang zu unserer puren Liebeskraft, einer Art von Liebe, die uns erstaunt und die uns eine Dimension eröffnet, in der Wunder geschehen.

Nicht zu Hause nachmachen!

Man muss aber auch wissen, dass ein Trauma nichts ist, was wir uns herbeiwünschen. Es geht nicht darum, uns gegenseitig eine Schaufel über den Kopf zu ziehen, damit wir ein Trauma erleiden, das uns dann die wahre, pure Liebe fühlen lässt. Nein!

Ein Trauma ist eine mächtige Energie und eine Trauma-Auflösung muss, wie ein Atomreaktor, behutsam gezündet werden. In einem Trauma, das wir erleiden, wird die freigesetzte Energie eingeschlossen wie in einem Reaktor. Wir können diese Energie nur freisetzen, wenn wir ihr mit der richtigen Energie begegnen.

Deshalb sind zum Beispiel Pferde oder Hunde sehr gute Trauma-Heiler (wie Ute Wilhelms sehr eindrucksvoll in ihren Büchern „Hautnah" und „Kentaur-Spirit" beschreibt). Tiere verarbeiten ihre Erfahrungen auf der Ebene der Energie, deshalb können sie mit ihren eigenen Traumata besser umgehen als Menschen. (Ein weiteres sehr gutes Buch zu dem Thema ist: Peter Levine: „Das Erwachen des Tigers".)

Tiere können dann auch mit Menschen auf der Ebene der Energie Traumata auflösen. Das erklärt auch, warum Pferde, warum alle Tiere, so leichten Zugang zur reinen Liebe haben: Weil Liebe Energie ist und alles aus dieser Energie entsteht.

Wenn unser Herz gebrochen wurde, wenn wir in unserem Liebesbedürfnis sehr verletzt wurden, finden wir die Heilung, indem wir uns mit der Liebe in ihrer Essenz verbinden.

Äußere Erscheinungsformen der Liebe können uns dann nicht mehr helfen. Sie aktivieren nur den

Schmerz, ohne eine Lösung zu bringen. Das ist der Grund, warum wir immer wieder in dieselben Liebesfallen geraten. Wir suchen die Liebe, aber wir dringen nicht zur Essenz vor.

Wir wiederholen dasselbe Trauma. Wir begegnen derselben Angst, die uns lähmt, wir bleiben in derselben Lähmung stecken. Diese Muster können sehr hartnäckig sein. Die Angst lähmt uns so sehr, dass wir von selbst nicht herausfinden. Wir brauchen dazu einen anderen, jemanden außerhalb von uns selbst der nicht in dieser Angst gefangen ist. Jemanden, der unsere Angst im Auge behält, während wir den Zugang zur Liebe finden, die uns heilen kann. Den Zugang zur spirituellen Quelle der Liebe, zu etwas, das größer ist als wir selbst.

Es ist wichtig, dass wir diese Quelle nicht nur emotional und mental, sondern auch körperlich finden. Zum Beispiel durch schamanisches Reisen, durch energetische Heilverfahren, durch holotropes Atmen, durch tiergestützte Therapie oder auch durch eine spirituelle Form von Sexualität. Ein Trauma ist eine Verletzung auf der energetischen Ebene, auf der Seelenebene und kann nur dort geheilt werden.

Spirituelle Trauma-Heilung zu erlernen ist unser Weg in die Zukunft.

Das Wissen um Trauma und spirituelle Trauma-Heilung ist nicht sehr verbreitet, aber es verbreitet sich zum Glück immer mehr. Wir sind ein Kollektiv von Traumatisierten und wir sind traumatisiert als Kollektiv. National und global. Wenn wir uns nicht mit dem Trauma beschäftigen, operieren wir nur Symptome und bewegen uns nicht voran.

Wir müssen als Kollektiv eine heilsame Spiritualität entwickeln, die urteilslos ist und mit Energie arbeitet. Das Wissen ist da, wir finden es bei den Schamanen und Heilern, bei den Mystikern und Poeten, bei den Visionären und den ethisch inspirierten Führern.

Wir müssen es übersetzen für unser aktuelles Weltbild, für unsere aktuelle Wirklichkeitswahrnehmung. Wir brauchen spirituelle Lehrerinnen und Lehrer, wir brauchen spirituelle Beraterinnen und Berater, wir brauchen spirituelle Politikerinnen und Politiker und wir brauchen spirituelle Marketing-Experten, die uns Heilung und Wachstum so schmackhaft machen wie einen Big Mac, unsere Lieblingsserie oder die Sportschau.

Hier liegt unsere große Prüfung für unsere Pilgerreise zur Liebe. Ohne das Bewusstsein über unsere Verletzungen, ohne das Wissen über die Wege der Heilung kommen wir keinen Jota voran in der Liebe. Dann drehen wir uns immer im selben Kreis. Dann erzählen wir uns immer dieselben Happy End-Geschichten, ohne dass wir das Happy End im wirklichen Leben finden.

Die Quelle jeder Heilung ist Liebe und Liebe ist immer ein Weg der Heilung.

Wir sind verletzte und verletzbare Wesen auf einem verletzbaren Planeten. Bevor wir uns das nicht bewusst machen, sind wir Gefangene von Illusionen. Ich muss das jetzt noch einmal wiederholen, weil es einfach so wichtig ist: Unser Weg in die Liebe, und damit sind wir alle gemeint, ist ein Weg der Heilung. Wir alle sind verletzt.

Das kollektive Bewusstsein hat eine riesige Liebeswunde. Sie zu heilen in egal welcher Form ist unsere wichtigste Aufgabe.

Der Weg der Heilung unserer Liebeswunden ist herausfordernd und er ist wunderschön, denn er führt zu etwas, das unsere Macht und unser Verständnis übersteigt und uns mit Frieden und großem Glück erfüllt.

Zu dieser Lektion werde ich dir keine Aufgabe stellen. Um ein Trauma zu heilen brauchst du ein Gegenüber aus Fleisch und Blut. Suche dir eine Lehrerin oder einen Lehrer oder lasse dich selbst zu einem Lehrer ausbilden und lerne alles, was du brauchst auf dem Weg dahin. Wir brauchen viele solche Lehrerinnen und Lehrer und du könntest eine oder einer von ihnen sein.

ERLÖSUNG

Erlösung ist das Gefühl am Ende einer großen Transformation. Um über Erlösung zu schreiben brauche ich Helfer. Erlösung ist das, was die Liebe uns schenkt, wenn wir ganz bei ihr angekommen sind. Erlösung ist das, was Jesus Christus uns schenken wollte durch seinen Tod. Die Geschichte von Jesus Christus ist eine Geschichte der Erlösung.

Menschen haben darauf geantwortet, indem sie Räume geschaffen haben, wo wir diese Erlösung finden können: Kirchen, Kapellen, Tempel.

Ich muss dir erzählen von Reinhold Fink, einem Autor meines Verlags spiritbooks: Reinhold Fink beschäftigt sich mit Radiäesthesie, der Messung von Strahlen und Schwingungen an Kraftorten wie Kirchen oder an Orten in der Natur. Seine Form des Rutengehens ist technisch weit entwickelt und bringt faszinierende Ergebnisse. Er hat zahlreiche Kirchen besucht und „gemutet", so der Fachbegriff.

Es liegt nahe, dass die alten Baumeister sehr bewusst die Orte für die Kirchen ausgewählt haben und auch Altar und Kanzel an Orte mit bestimmten Schwingungen gesetzt haben.

Erlösung und Energie hängen eng zusammen. Erlösung kommt, wenn wir in der richtigen Energie sind. Und mit der Erlösung kommt die Liebe, das ist die Geschichte von Jesus Christus.

Die Erlösung kommt, wenn sich unser tiefster Liebeswunsch erfüllt.

Erlösung ist eine Antwort auf unsere Suche nach Liebe und Verbindung. Wenn wir Erlösung finden, lassen wir die Suche los. Wir kommen an, am Ort der Liebe, in unserer inneren Heimat. Wir kommen an in den Armen eines anderen, den wir lieben, egal ob es physische Arme sind oder energetische Arme.

Eine andere Autorin meines Verlags spiritbooks, Petra Möller, hat ein Buch geschrieben „Im Spiegel deiner Seele – Eine Liebe zwischen Diesseits und Jenseits". In diesem Buch beschreibt sie ihre Liebe zu ihrem verstorbenen Mann, sie beschreibt den Weg der Heilung hin zu einer neuen irdischen Liebe, auf dem er sie begleitet.

Erlösung ist, wenn unser tiefster Wunsch nach Liebe sich erfüllt, unser tiefstes Bedürfnis nach Liebe.

Genau das Bedürfnis, das uns am Allerwichtigsten ist. Nicht ein Kompromiss, nicht ein Ersatz, nicht eine zweite Wahl, nicht ein Nachgeben und Hinnehmen, kein halb, kein „es geht so", keine Wahl aus Angst und Hilflosigkeit.

Erlöst werden können wir nur, wenn wir unseren tiefsten Wunsch kennen und akzeptieren. Manchmal erkennen wir ihn erst, wenn wir mittendrin sind. Ein Gefühl von plötzlicher Freiheit packt uns, ein Gefühl von plötzlichem Glück, mitten in einer Situation, mitten in der Begegnung mit einem anderen Menschen – oder einem Tier – oder einem Spirit.

Erlösung ist eine Energie.

Das Faszinierende an der Erlösung ist, dass sie nicht unseren mentalen Vorstellungen folgt, von dem, was uns glücklich machen könnte. Weil Erlösung etwas Energetisches ist, haben die alten Baumeister die Orte der Erlösung energetisch ausgerichtet.

Reinhold Fink hat mir von Kirchen und Kanzeln erzählt, an dem er keine solchen energetischen Ausrichtungen finden konnte. Wenn er dann nachforschte, fand er heraus, dass eine Kanzel oder ein Gebäude zerstört wurde und später neu aufgebaut an einem anderen Ort von Architekten, die dieses Wissen nicht mehr hatten. Dieses Wissen ist verloren gegangen, aber es wird heute wieder entdeckt und auch an Architekturstudenten unterrichtet.

Nicht nur die Grundrisse von Kirchen sind ausgerichtet an energetischen Schwingungen der Erde, sondern auch die Kirchtürme, jene Bauteile, die eine Verbindung zum Himmel herstellen. Im heiligen Ort der Kirche treffen sich messbare Schwingungen von Himmel und Erde – ist das nicht faszinierend?

Die Autorin Petra Möller, die Hilfe von ihrem verstorbenen Mann erhält, arbeitet als Medium, auch ihre Arbeit ist eine Arbeit mit Energie. Wenn wir mit Energie, mit Schwingung, mit Strahlen, mit Licht arbeiten und wenn wir darin gut sind, klar, authentisch, finden wir Orte von reiner Kraft, von reiner Liebe.

Ich möchte dir meine Helfer vorstellen

Dorthin, an den Ort reiner Liebe, möchte ich dich mitnehmen, auf eine Reise. Wie ich am Anfang des Kapitels geschrieben habe, brauche ich dazu Helfer.

Ich möchte dir zwei Helfer vorstellen, die mich seit eineinhalb Jahren begleiten und mir, seit sie mir das erste Mal begegnet sind, unzählige Wünsche erfüllt haben: Cernunnos, der keltische Gott des Waldes und sein Begleiter, der Hirsch.

Ich lebte zu der Zeit auf einem Pferdehof im Schwarzwald, am Rand eines Waldes, in dem ich oft mit meinem Pferd unterwegs war.

Dort im Wald hatte ich einen besonderen Kraftort gefunden, einen Ort, in dem die Bäume, nicht wie sonst, in ähnlichen Abständen verteilt, wuchsen, sondern im Kreis angeordnet. Der Boden war von tiefem, weichem Moos bedeckt.

Ich ging dort fast jeden Tag hin, weil ich mich dort sammeln konnte und Zugang fand zu Gedanken und Gefühlen, zu einem Bewusstsein, das mir Klarheit und innere Ruhe brachte, nachdem mein äußeres Leben zerbrochen war. Diesmal hatte ich eine Seminargruppe dorthin geführt, um eine Reise nach innen zu machen. Wir hatten uns im Kreis aufgestellt für das Ritual und noch, bevor die Reise begann, spürte ich eine starke Kraft, die wie ein energetischer Sturm in den Kreis fegte und sich dort manifestierte. Ich konnte den Spirit nicht sehen, aber ich konnte ihn energetisch klar wahrnehmen. Er war ein Riese, drei Mal so groß wie ein Mensch und seine schiere Kraft war um ein vieles größer als die eines Menschen. Er war sehr männlich – und deshalb so passend für mich, weil die männliche Kraft, die mich 30 Jahre lang begleitet hatte, sich gerade von mir getrennt hatte. Der mächtige männliche Spirit kam, um für mich da zu sein, das spürte ich deutlich. Er war begleitet von einem Hirsch, so etwas wie seinem Assistenten. Die beiden waren, bei genauerem Hinsehen, eine ähnliche Kombination wie Nikolaus und das Rentier.

In jenem Augenblick, in dem Cernunnos, der Waldgott, und der Hirsch mir erschienen, hatten sie eine einzige klare Botschaft. Ich werde sie nie vergessen:

„Du bekommst alles, was du brauchst. Du musst nur kommen und es uns sagen."

Man muss wissen, dass die Botschaften von Krafttieren und Spirits sehr präzise sind und sie auch keine unnötigen Worte verschwenden. Das Wesentliche an der Aussage der beiden Spirits, die mir erschienen sind, ist das Wort „brauchst" und das gilt auch für alle unsere Liebeswünsche.

Die Liebe gibt uns, was wir brauchen, ... nicht, was wir wollen, sondern, was wir brauchen.

Was wir wollen, entspringt oft einer Kompensation. Was wir wollen ist oft schon eine Verschiebung dessen, was wir brauchen. Weil sich das, was wir brauchen, nicht erfüllt, verlegen wir uns auf etwas, das wir wollen. Wir **brauchen** zum Beispiel die Nähe eines geliebten Wesens und weil wir uns nicht darüber bewusst sind, **wollen** wir stattdessen ein paar Kekse essen. Wir essen dann ein paar Kekse zu viel und uns ist schlecht und dann wollen wir noch mehr von dem, was uns nicht guttut. Das Brauchen haben wir längst vergessen. Und deshalb erfüllt es sich auch nicht.

Der andere Teil der Botschaft meiner beiden Spirit Helfer war: „Du musst nur kommen und es uns sagen." Auch das drückt sehr viel von dem aus, wie wir mit der Liebe zusammenkommen. Wir müssen kommen und wir müssen es sagen. Es geht nicht darum, dass wir auf der Wiese liegen und darauf warten, dass der perfekte Liebhaber, die perfekte Liebhaberin vorbeigeschwebt kommen. Das ist nicht das Paradies der Liebe. Schon deshalb ist die Liebe etwas ganz anderes als das Grundprinzip unserer Konsumgesellschaft, wo wir darauf trainiert werden, dass uns alles zufliegt, ohne dass wir einen Finger dafür krumm machen müssen – natürlich nur, wenn wir entsprechend dafür bezahlen.

Unsere Wünsche, das sagt die Liebe, müssen schon unsere ganz speziell persönlichen, eigenen Wünsche sein und dafür müssen wir uns schon mal für fünf Cent ein paar Gedanken machen, was wir denn eigentlich brauchen. Und dann müssen wir für fünf Cent den Mut aufbringen, es demjenigen zu sagen, der unsere Wünsche erfüllen kann.

Ich finde das sehr einleuchtend! Zum einen aus der Perspektive einer Person, die dir vielleicht Wünsche erfüllen soll und auch aus der Perspektive eines Spirits, der dir deine Wünsche erfüllen soll. Möchtest du jemandes Krafttier sein, der faul auf der Couch liegt, nicht weiß, was er braucht, den Mund nicht aufmacht, dem du eine Schüssel Chips mit Dip vorbeibringst und der dann auch noch undankbar ist? Solche Leute unterstützt man nicht gern.

Dagegen solche, die kommen und sagen: „Oh, Mann, das brauche ich unbedingt, das würde mich super glücklich machen und du bist derjenige, der mir den Wunsch erfüllen kann". Ja, diese Wünsche erfüllt man gern, egal, ob man ein Krafttier ist oder ein Spirit Guide oder der Postbote.

Was haben mir mein Spirit Guide und mein Krafttier über die Erlösung zu sagen? Das ist die Hilfe, die ich jetzt brauche.

Ich klopfe an ... mir wird kalt ... sie sind im Anflug ... ich habe Heißhunger nach Schokolade ... das nehme ich aber nicht ernst, denn Schokolade ist nicht das, was ich brauche. Was ich brauche, das ist mir noch nicht ganz klar. Eines weiß ich aber, sie werden da sein und sie werden das abliefern, was ich brauche. Das haben sie schon unzählige Male getan. Darin habe ich volles Vertrauen. Mein ganzes, doch recht ungewöhnliches Leben, wird von Spirit Guides, Krafttieren und Pferdespirit ausgerichtet, hergerichtet und angerichtet.

Der Hirsch ist da und lächelt. Cernunnos, der Boss, ist noch in der Tiefe des Waldes unterwegs, er kommt nur für die großen Auftritte. Es liegt daran, dass ich noch nicht genau weiß, was ich brauche. Ich will etwas über Erlösung erfahren, das große Gefühl, das kommt, wenn sich die Liebe erfüllt. Die Trancemusik von Steve Roach, die ich im Hintergrund laufen habe, zur energetischen Einstimmung, hat gestoppt. Die Internetverbindung wurde unterbrochen. Als ich auf den Bildschirm schaue und das nächste musikalische Angebot auf YouTube anklicke, erscheint dort der Text:

> „The most beautiful experience we can have
> is the mysterious.
> It is the fundamental emotion that stands at
> the cradle of true art and true science.
> ALBERT EINSTEIN“

> (Die Erfahrung von größter Schönheit, die wir machen können, ist das Geheimnisvolle.
> Es ist das grundlegende Gefühl, das an der Wiege wahrer Kunst und Wissenschaft steht.
> ALBERT EINSTEIN)

„Was ist Erlösung?“, frage ich den Hirschen.

Er zeigt mir, dass sein Geweih wie ein Sender in den Kosmos ausstrahlt.

„Verbundenheit mit allem?“, frage ich nach.

Meine Lider werden sehr schwer, damit drückt mein Körper aus, dass ich in der anderen Wahrnehmung angekommen bin.

Der Hirsch bleibt ganz ruhig, er wittert. Ich rieche den Geruch von feuchtem, modrigem Waldboden im Schwarzwald. Jetzt bin ich drin in der anderen Wahrnehmung. Mein Körper zuckt und mein Bewusstsein wird überschwemmt von einer fremden Energie.

„Erlösung, das ist immer der nächste Schritt, den du machst", höre ich den Hirschen antworten. Es fühlt sich an, als wäre dem großen Wort Erlösung etwas ganz Bodenständiges entgegengesetzt worden. Natürlich ist damit nicht nur ein banaler Schritt gemeint von ein Fuß vor den anderen setzen, sondern auch ein innerer Schritt, denn die Krafttiere und Spirits sehen immer alles auf mehreren Ebenen.

Ich habe jetzt viele Fantasien von erfüllten Liebeswünschen und verliere mich darin. Ich merke, wie mein Hunger nach Schokolade verschwindet. Ich fühle mich so genährt, dass ich überhaupt gar nichts essen könnte. Ich habe diesen Winter etwas ganz Phantastisches erlebt, daran erinnere ich mich jetzt. Ich war im Paradies der Liebe, an einem unbeschreiblich schönen Ort. Ich habe das Paradies der Liebe gesehen und erlebt. Ich habe die Erlösung gefunden. Ich bin jetzt sehr glücklich.

Ich bin jetzt im Kosmos an einem Ort voller Energie, ich bin weit entfernt von den irdischen Dingen, irgendetwas hat mich an diesen wunderschönen Ort gebracht. Ich bin frei. Das ist mein Grundgefühl. Ich bin frei. Ich bin auch frei von den Zwängen der Liebe, frei von den Bedürftigkeiten, wegen derer ich manchmal schon meine Selbstachtung verloren habe. Ich sehe jetzt, dass es diese Freiheit gibt. Die Liebe verlangt von niemandem, dass er seine Selbstachtung aufgibt. Das ist nicht Liebe, das ist Illusion. Man kann seine Selbstachtung gegen Liebe nicht eintauschen. Unser Bedürfnis nach Liebe ist nur oft so groß, dass wir nicht anders können. Es ist wie mit dem Heißhunger nach Schokolade. Wir können ihn nicht bremsen und schließlich geben wir ihm nach.

Hier draußen öffnen sich immer weitere Tore. Ich tauche immer tiefer ein in die Dunkelheit. Ich erinnere mich, dass ich als Kind diesen Ort gekannt habe, dieses geheimnisvolle Universum. Es ist für mich der Ort der Liebe.

Hier treffe ich alle Menschen, die ich geliebt habe. Obwohl dieser Ort so weit draußen ist, so weit entfernt von allem Menschlichen auf dem Planeten, finde ich hier Zugang zu allen Lieben meines Lebens. Es ist, als befände sich dort eine große Aufbewahrungsbox, in der alles gespeichert ist, und mehr, ich kann hier sehen, wie wir uns als Energie in reiner Liebe begegnet sind und immer noch begegnen.

Ich kann sehen, wie sich diese Energie manifestiert hat an Orten auf der Erde, die die passende Energie hatten, so wie die Energie von Jesus Christus sich in Kirchen manifestiert.

Ich kann sehen, wie Energie sich Orte und Manifestationen sucht und ich kann das starke Bedürfnis spüren nach Manifestation, nach Erleben auf der Erde. Das starke Bedürfnis, die Liebe zu erleben in Fleisch und Blut, in der Begegnung mit anderen, auch wenn sie gespeist ist von einer kosmischen Energie.

Ich kann sehen, dass das Bedürfnis nach Liebe, diese große Sehnsucht, dieses große Verlangen, ein Verlangen ist, das auf der energetischen Ebene, dort oben, schon da ist. Dass alles so kommen wird und so passieren wird, wie es dort angelegt ist.

Ich kann jetzt sehen, wie ich es schon oft gesehen habe, wie die Manifestation vor sich geht und ich weiß, dass alles, was ich hier sehe, geschehen wird, früher oder später, in der einen oder anderen Form.

Ich kann jetzt auch sehen, wie sich früher solche energetische Muster erfüllt haben, oft in anderer Form als ich es mit meinem Verstand oder meinem Willen vermutet habe und immer waren die Erfüllungen größer und wunderbarer als ich es erwartet hatte. Weil die Welt der Energie und der Spirits oder des Göttlichen viel mächtiger sind als mein persönlicher Geist.

Ich sehe jetzt, dass mein Leben voll ist von Spuren und Zeichen, mit denen das Göttliche, die kosmische Energie mir zu verstehen gibt, dass sie jetzt gerade wirkt, dass sie jetzt gerade einen Wunsch erfüllt, der tief in meiner Seele ruht. Das ist Erlösung.

Meine Wünsche werden eingelöst. Die Energie, von dem diese Wunder gespeist sind, ist das Wünschen. Das ist das Menschliche.

Die Menschen haben diese Kraft zu wünschen. Darin drückt sich ihre Liebe aus. Sie lieben, in dem sie wünschen, träumen, begehren. Das ist Liebe.

Ihre Wünsche sind Ausdruck ihres Wesens, ihres energetischen Imprints. So wie Orte Schwingungen und Strahlungen und Frequenzen haben, die man mit einer Wünschelrute oder einer H3-Antenne messen kann, haben Menschen Liebeswünsche, Wünsche nach Vereinigung, nach Verschmelzung, nach Einssein mit einem geliebten Wesen, die man als Energie wahrnehmen kann.

Alles kommt aus dieser göttlichen Quelle. Darauf kann ich vertrauen.

Ich habe jetzt keine Fragen mehr.

Ich sehe jetzt, dass Cernunnos, der Riese, die männliche Kraft, in mein Leben gekommen ist, um mich zu beschützen und zu nähren und mir zu helfen. Ich sehe, dass er in all dem, was mir seither begegnet ist an männlicher Kraft, sich manifestiert hat. Ich bin fasziniert, weil ich das jetzt sehen kann, unzählige Beispiele.

Seit jener ersten Begegnung im Wald zu einem Zeitpunkt, wo ich mich sehr verloren und allein gefühlt habe, ohne Hoffnung, je wieder Schutz und Liebe zu finden, hat der zutiefst männliche Waldgott mir eine Seite des Männlichen gezeigt, die ich zuvor nicht gekannt habe. Er hat mir gezeigt, dass alles da ist, was ich brauche und dass er es mir geben wird. Das ist die Art, in der er mir heute erscheint, indem er mich das alles sehen lässt.

Ich staune, weil ich das jetzt so klar sehen kann.

Ich kann sehen, dass ich viele Wünsche ausgesandt habe und dass sie alle erfüllt wurden, mehr als erfüllt. Die Antwort war stets größer als ich mir das je ausgemalt hatte, in meinem Wünschen.

„Das ist gemeint mit dem nächsten Schritt", sagt der Hirsch. Der nächste Schritt, verstehe ich, das ist ein Schritt da oben im kosmischen Raum, da, wo die energetischen Frequenzen eingestellt werden.

Da muss ich den nächsten Schritt machen, wenn ich Erlösung finden will. Da darf ich und da kann ich den nächsten Schritt machen, es liegt an mir: Ich muss sagen, was ich brauche – und das wird dann eingelöst oder erlöst. Das ist Erlösung.

Für die Tiere ist das vollkommen normal, die können das immer sehen, nur wir Menschen sind abgeschnitten davon. Wir sind zu sehr fokussiert auf das Konkrete, das auf der Erde stattfindet.

Wir sollten öfter mal da oben vorbeischauen, dann wären wir nicht so verwirrt und verzweifelt und wüssten, dass alles gut ist, dass wir Wünsche haben dürfen, dass unsere Wünsche erfüllt werden und dass alles schon genau so kommt, wie wir es brauchen.

Ich bin jetzt am Ort, wo ich viele Fragen stellen kann und sehr weise Antworten erhalte, das ist natürlich verführerisch, aber habe ich noch eine echte Frage?

Hast du noch eine echte Frage? Dann schreibe sie auf ... Das Tor ist jetzt offen, um eine Antwort zu bekommen.

Hier ist Platz für deine Frage:

♡ _____

_____

_____

_____

_____

und die Antwort (lausche einfach):

♡ _____

_____

_____

_____

_____

Ich habe keine Frage mehr … alles ist gut. Ich bin sehr zufrieden und glücklich. Und ich danke meinen Begleitern, dem Waldgott und dem Hirsch.

Ich werde noch ein wenig träumen, dort oben im Kosmos, wo das energetische Gebräu angerührt wird, das später unser Leben wird, ich werde noch die eine oder andere Information und Einsicht aufnehmen und den einen oder anderen Wunsch als Tropfen in den großen Hexenkessel fallen lassen.

WILLKOMMEN
IM PARADIES

LIEBE BRINGT WUNDER HERVOR

Ich merke, dass das Buch sich dem Ende zuneigt. Es schreibt sich ganz leicht. Ich merke, dass die Liebe, die mich dazu gebracht hat, es zu schreiben, jetzt ganz nah ist und mir einflüstert, was die Leser noch erfahren sollen.

Es geht um Wunder. Wir Menschen empfinden alles, was wir nicht selbst herstellen, nicht kontrollieren, nicht in gewünschte Bahnen lenken können als Wunder. Das ist unsere Definition von Wunder. Etwas geschieht, von dem wir nicht wissen, wo es her-kommt. Etwas geschieht, das Gefühle in uns weckt, die wir bisher nicht gekannt haben.

Ja, natürlich, geschehen Dinge, auf die wir keinen Einfluss haben. Wir sind ja nicht allein auf dem Planeten, sondern teilen ihn mit unvorstellbar vielen anderen, die ihre Ziele verfolgen und ihre Wünsche manifestieren – mit uns.

Bevor wir unsere Waschkörbe aufstellen, um die kosmischen Wunder zu empfangen, müssen wir uns noch etwas anschauen:

Wir sind abhängig von anderen.

Ich bin abhängig von anderen, du bist abhängig von anderen.

Wir alle sind abhängig von anderen. Abhängig.

 *Deine Aufgabe*

Bitte sprich diese letzten zwei Zeilen laut aus und notiere, welches Gefühl sie in dir wecken.

Eine unserer grundlegenden Miseren ist, dass wir vollkommen vergessen haben, dass wir von anderen abhängig sind. Dass wir so verrückt sind, zu glauben, wir könnten es alleine schaffen. Dass wir unsere Misere noch vergrößern, weil wir uns mit dieser Haltung gegenseitig verletzen und dann noch mehr nach einer Unabhängigkeit streben, die unerreichbar ist.

Wir müssen die Richtung unseres Lebens neu ausrichten: von der Unabhängigkeit zur Liebe. In der Liebe sind wir unabhängig und frei, nicht, wie wir glauben: Dass wir frei sind, wenn wir unabhängig sind von Liebe.

Wir leben in einem grenzenlosen energetisch vernetzten Universum. Das große Ganze, dem wir angehören, ist um vieles mächtiger als unsere persönlichen Absichten. Wir haben Angst davor, weil wir uns ausgeliefert fühlen, aber es ist zugleich unsere einzige Quelle von Glück. Wir können es erleben als Abhängigkeit, oder wir können die große Vernetzung erleben als Führung, als Quelle, als Schutz.

Das lehrt uns die Liebe: Wenn wir uns hingeben, sind wir beschützt, dann sind wir geführt, genährt und geliebt.

Das ist wohl das Schwerste für uns Menschen: Dass wir darauf vertrauen, dass uns etwas führt und nährt und liebt, das außerhalb von unserem Einfluss ist. Wir nennen es Glauben. Wir meinen, wir müssten unsere Vernunft zurücklassen und uns in die Arme von riskanten, nicht beweisbaren, irrationalen Vorstellungen werfen.

Aber es ist umgekehrt.

Unser „Glaube" , dass wir allein sind und alles allein schaffen müssen, ist irrational, hoch riskant und lebensfeindlich.

Es ist irrational und gefährlich zu glauben, dass wir in einem Universum überleben können, in dem Liebe keine Rolle spielt.

Unser naturwissenschaftliches Weltbild, das uns nahelegt, dass die Natur eine kontrollierbare Maschine ist, das ist die eigentliche Gefahr, denn es blendet aus, dass wir Teil eines bis ins Feinste vernetzten Organismus sind, der von einer mysteriösen Kraft gespeist ist: der Liebe. Wenn wir den blinden Glauben an das Rationale und Kontrollierbare zurücklassen, wenn wir der Liebe vertrauen und die Augen öffnen, sehen wir, dass alles von allem abhängt, dass sich alles gegenseitig nährt, dass sich alles gegenseitig anzieht. Dazu brauchen wir keinen Glauben. Das ist eine Tatsache.

Wunder geschehen, wenn wir offen sind für die Nahrung, für die Liebe, für den Schutz, den uns das Leben um uns herum gibt.

Es gibt nur eine Möglichkeit, die Liebe zu finden und das ist, zu lieben.

 *Deine Aufgabe*

Bitte finde jetzt in diesem Augenblick einen Menschen, ein Tier, ein Ding, das du liebst … – nicht in Gedanken … fühle diese Liebe. Jetzt. Bitte schreibe auf, wie es sich anfühlt, zu lieben:

♡ _____

_____

_____

_____

Die Liebe ist eine Schule, das hast du gelernt, wenn du das Buch bis hierher durchgearbeitet hast.

Die Schule der Liebe lehrt Wissen und sie braucht praktisches Training.

Das Training der Liebe

Das Training für die Liebe ist einfach. Es besteht aus zwei Elementen: Ab sofort trainierst du deine Fähigkeit zu lieben ... Was auch immer deine Liebe weckt, mache dir das Gefühl bewusst und dehne es aus. Und handle danach.

Das andere Element ist: Lerne deine Angst vor der Liebe zu verwandeln, indem du sie dir bewusst machst. Dazu hast du in diesem Buch Anleitung gefunden und du wirst noch mehr Anleitung finden in den letzten Lektionen.

Die Schule der Liebe ist eine Schule des Lebens im Paradies.

Es gibt nur eine Art von Paradies und das ist das Paradies der Liebe.

Wir schaffen uns Paradiese aus Häusern, Autos, schönen Orten, Reisen, teuren Kleidern, gestylten Parties, tausenderlei Dingen und vergessen, dass es nur ein Paradies gibt: Liebe zu erfahren und zu teilen. Wir können unsere Autos, unsere Häuser, unsere schönen Dinge genießen als Ausdruck der Liebe, aber ohne Liebe sind sie nichts.

Wir haben uns mit vielen Formen der Liebe befasst

und jetzt, wo sich die Reise dem Ende zuneigt, möchte ich dich noch ein Stück weiter einladen in die Quelle der Liebe und in die Gesetze, die wir hier finden.

Liebe ist Energie. Das Paradies der Liebe ist ein Paradies aus Energie. Alle Erscheinungen gehen aus dieser Energie hervor. Alles, was wir fühlen, denken, was in unserem Leben passiert, sind Manifestationen dieses energetischen Quellcodes.

Diese Quelle ist selbst ein sich ewig wandelnder energetischer Strudel oder Strom oder Wirbel. Rohe Energie, die sich präzise manifestiert.

Das mag dir vorkommen wie eine Behauptung, aber es ist tatsächlich erfahrbar. Vielleicht nicht so leicht, vielleicht nicht im Eigenstudium, aber definitiv auf einem guten Workshop und mit einem guten Lehrer. In Zukunft, das vermute ich, werden wir alle mehr und mehr lernen, Energie wahrzunehmen, und dann wird es leichter.

Ich möchte dir zwei Beispiele erzählen:
Katharina hat viele Jahre ihres Lebens ihrer Karriere gewidmet. Jetzt sucht sie nach einem Partner und möchte eine Familie gründen. Der Mann, den sie vor ein paar Wochen auf einer Party kennengelernt hat, sieht gut aus, ist finanziell ebenso stark wie Katharina und sehr unterhaltsam. In seiner Gegenwart blüht Katharina auf. Ihr fällt aber auch auf, dass er etwas sehr Unverbindliches hat, er versteht sich blendend

mit den meisten Leuten, und er behandelt mehr oder weniger alle gleich. Sie fühlt sich als eine unter vielen. Sie ist irritiert, aber ihr wird auch bewusst, dass Timo ihr eigenes Beziehungsverhalten der letzten Jahre spiegelt. Sie hatte viele Freunde, die sie alle mit derselben Armlänge von sich entfernt hielt.

Wenn sie intime Liebe finden will, muss sie selbst erst eine Wahrnehmung dafür entwickeln. Das energetisch Set-up von Katharina enthält das Element tiefe individuelle Liebe nicht. Deshalb kann sie auch keinen entsprechenden Partner finden. Katharina verbrachte 4 Wochen bei ihrer Schwester und deren 3 kleinen Kindern, die sie betreute, weil ihre Schwester krank war. Durch die Erfahrung veränderte sich Katharinas energetisches Set-up und sie lernte andere Männer kennen, die mehr zu ihren neuen Lebensplänen passten.

Es ist wichtig, zu wissen, dass die Quelle immer auf Wünsche antwortet. Die Liebe ist die Liebe und sie bringt nichts anderes hervor als die Liebe. Wenn wir der Liebe mit Liebe begegnen, antwortet sie mit Liebe. Die Quelle antwortet präzise auf uns.

Ein anderes Beispiel ist Tom. Tom ist ein sensibler Grafiker mit einer sehr feinen Wahrnehmung für andere Menschen. Er möchte sich gern verlieben, er ist überzeugt, dass es nur die eine große Liebe gibt und er hat auch eine sehr klare Vorstellung von ihr.

Er glaubt aber auch, dass sie sehr schwer zu finden sein wird. Die Liebe hat Tom diese Frau schon geschickt, aber Tom kann sie nicht sehen. Die Frau, die Tom geschickt wurde, ist in seinen Augen viel zu schön für ihn, viel zu unerreichbar. Er selbst sieht sich als harten Arbeiter, ein Geschenk wie diese schöne, faszinierende Frau, die ohne Mühe zu ihm kommt, glaubt er, hat er nicht verdient.

Im Vergleich zu Katharina, die den Wunsch erst erschaffen muss, hat Tom den Wunsch und die Manifestation schon erschaffen, aber er kann sie nicht annehmen.

Diese zwei Elemente sind entscheidend, wenn es darum geht die Liebe, die du brauchst, in dein Leben zu holen.

Dies sind die beiden großen Herausforderungen, vor denen wir stehen: Wir müssen wissen, was wir brauchen und wir müssen offen sein, es anzunehmen, wenn es zu uns kommt.

 *Deine Aufgabe*

Ich habe dich während dieser Lektionen schon öfters nach deinen Liebeswünschen gefragt. Und ich werde es jetzt wieder tun. Denn dies ist eine tägliche Praxis, die zur Liebe gehört: Was wünschst du dir heute von der Liebe? Bitte nimm dir die Zeit, eine Antwort zu finden, in der du die Liebe fühlen kannst:

♡

_____

_____

_____

_____

Bitte beantworte nun noch diese Frage:

Was hält dich davon ab, zu empfangen, was du dir von der Liebe wünschst?

♡

_____

_____

_____

_____

Nichts geht verloren

Auch wenn die Liebe eine große Herausforderung für uns ist, ist es wichtig, zu wissen, dass die Herausforderungen von anderen Menschen ausgehen, die selbst auf dem Weg zur Liebe sind und, wie wir selbst, von einer Falle in die andere tappen. Die Liebe selbst lässt uns nie im Stich.

Die Liebe ist immer auf unserer Seite.

Die Liebe ist Energie und alles, was wir an Energie investieren, kommt zurück. Nichts geht verloren. Wenn du jetzt und heute vor diesem Buch oder E-Book sitzt, und deine Liebeswünsche unerfüllt sind oder du deine Angst und Verletzung spürst, musst du wissen, dass die Liebe, die diese Verletzungen erlitten hat, nicht verloren geht. Alle Liebe, die du in den großen Hexenkessel der Liebe hineingibst, bleibt.

Sie wird verwandelt, so wie alle Energie sich stets wandelt. Sie wandelt sich immer hin zur Liebe. Die Liebe ist immer eine Geschichte mit Happy End. Wenn du liebst, liebst du nie vergeblich. Deine Liebe wird immer eine Antwort finden, auch wenn sie vielleicht anders ausfällt, als du es erwartest.

Liebe ist etwas Geteiltes und deshalb unvorhersehbar.

Unsere Geschichte der Liebe ist immer eine Geschichte, die mit einem individuellen Wunsch beginnt und sich dann in einen gemeinsamen Wunsch verwandelt, den wir mit einem oder mehreren anderen teilen. Wir können deshalb nicht erwarten, dass die Liebe sich auf Knopfdruck hin erfüllt. Die Liebe ist kein Automatismus.

Da wir aber im Vergleich zu unseren Vorfahren mit sehr viel Maschinen zu tun haben und unser Verhalten von der Interaktion mit Maschinen geprägt ist, erwarten wir, dass in der Liebe etwas Ähnliches passiert. Wir glauben, wir müssten nur die richtige Bedienungsanleitung finden.

Die Bedienungsanleitung für die Liebe lautet: Liebe! Und dann sei offen dafür, wie die Liebe dir antwortet.

Kümmere dich nicht darum, wie die Liebe sich zeigen wird, denn darauf hast du keinen Einfluss. Das muss ich noch mal wiederholen:

Du hast keinen Einfluss darauf, wie die Liebe dir antwortet. Du kannst nichts tun, außer zu lieben.

Deine Aufgabe

Bitte notiere kurz, welches Gefühl der letzte Satz bei dir auslöst:

Widerstand, Ärger, Einverständnis, Zustimmung, Freude, Ernüchterung, oder ...

♡

_____

_____

_____

_____

Wenn du verstanden hast, dass du die Liebe nicht kontrollieren kannst, wenn du das wirklich verstanden hast, dann verstehst du noch etwas viel Befreienderes: nämlich, dass du die Liebe nicht kontrollieren musst.

Du hast keinen Einfluss darauf, wie die Liebe dir antwortet. Du musst nichts tun, außer zu lieben.

Bitte notiere kurz, welches Gefühl dieser Satz bei dir auslöst:

♡

_____

_____

_____

_____

_____

Vielen Dank! Du bist dem Paradies der Liebe wieder ein Stück näher gekommen.

DEINE LIEBESGESCHICHTE
MIT HAPPY END

Welche Geschichte erfindest du rund um die Liebe?

Menschen nehmen ihre Welt in Form von Geschichten wahr. Wir erzählen uns gegenseitig unsere Liebesgeschichten, wir schauen Liebesfilme und lesen Liebesromane. Wir erzählen uns von der Liebe. Wir bilden uns Urteile über die Liebe und wir lassen uns von ihr verzaubern durch die Geschichten, die sie hervorbringt.

Unsere Geschichten sind aber auch ein Filter, durch den wir die Liebe wahrnehmen und interpretieren. Und in den Filter passt nicht immer alles hinein.

Es fällt zum Beispiel auf, dass das Genre spiritueller Liebesroman so gut wie nicht existiert. Die Verbindung zwischen einer Liebesgeschichte und einem spirituellen Weg, das wird bis jetzt nur selten erzählt.

Dafür haben wir keine Vorbilder, keine Modelle. Wir lieben nach einem konservativen Muster und das bedeutet, dass es hauptsächlich um Wertung geht, darüber, was die richtige Form der Liebe ist, welche Orte, welche Lebensstile, welche Persönlichkeitstypen dazugehören.

Die Liebe, wenn wir uns unsere Geschichten anschauen, ist ziemlich normiert. Uns fällt aber auch auf, dass die Liebe sich nicht in die Schemata pressen lässt und dass die Liebe, der wir in unserem Leben begegnen, oft anders ausfällt.

Wir ertappen uns selbst dabei, wie wir über die Geschichten urteilen, die andere Menschen uns über ihr Liebesleben erzählen. Wir denken dann: Die machen sich was vor, die Geschichte ist zu blauäugig oder zu düster.

Alle unsere Ängste rund um die Liebe fließen ein in die Geschichten, die wir über die Liebe erzählen.

Die Geschichten, die wir über Liebe erzählen, ist einer der besten Detektoren, um unsere Ängste und Schatten zu entdecken. Denn beim Erzählen sind wir meist unbewusst. Wir merken nicht, was wir erzählen. Wir halten es für die ganze Wahrheit, aber die

Geschichte ist eine Interpretation der Ereignisse, die unsere Ängste sichtbar macht.

Zwei Menschen können ähnliche Dinge erleben und jeweils eine ganz andere Geschichte erleben. Das ist faszinierend und zeigt uns, wie viel Freiheit wir gegenüber Ereignissen haben.

Wenn du dich einmal in deinem Freundeskreis oder in deiner Familie umschaust – oder bei dir selbst, wird dir auffallen, dass den meisten Menschen stets ähnliche Geschichten passieren.

Manche Menschen erleben meist glückliche Liebesgeschichten, manche Menschen werden häufig betrogen, manche Menschen geraten immer in große Dramen, manche haben viele Verehrer(innen), andere erleben gar keine Liebesgeschichten und sind glücklich.

Manche bemühen sich sehr um andere und bekommen nichts zurück, andere bekommen die Liebe andauernd geschenkt ...

Eine Geschichte ist eine Geschichte und man kann sie verändern.

Das möchte ich dir zeigen. Ich möchte mit dir herausfinden, was deine Liebesgeschichte im Kern ausmacht und wie du die Geschichte verändern kannst, falls sie dir nicht gefällt und du eine Geschichte erleben möchtest.

Dazu möchte ich dir ein paar Beispiele erzählen, damit du eine Idee bekommst, wie das aussehen kann, bevor du dich an deine eigene Geschichte machst.

Von der Tragödie zum Happy End

Ich beginne mit meiner eigenen Geschichte: Vor gut einem Jahr erlebte ich die größte Liebestragödie meines Lebens: Nach 30 Jahren gemeinsamen Lebens trennte sich mein Mann von mir.

Ich fühlte mich, als wäre ich bei lebendigem Leib halbiert worden. Ich dachte, mein Leben wäre vorbei. Mein größter Liebeswunsch vor der Trennung war es gewesen, zusammen mit meinem Mann alt zu werden, unsere Kinder und Enkel zu genießen.

Jetzt wusste ich nicht mehr, wer ich war, oder ob ich je wieder glücklich sein würde. Von den Menschen in meinem Umfeld hörte ich Überzeugungen wie: „Das dauert mindestens 5 Jahre, um darüber hinweg zu kommen" oder „Da kommst du nie mehr darüber hinweg", „Das bleibt ein Leben lang". Tolle Aussichten, dachte ich.

So denkt also das Kollektiv, an dem mein Bewusstsein energetisch Anteil hat. Das ist die offizielle Variante meiner Geschichte. Kollektive haben passende Geschichten für alle Lebenslagen. Meist sind das Geschichten über Helden, die Mut machen, aber es gibt auch Geschichten über Verlierer und die typische Geschichte für eine Frau oder einen Mann, die oder der nach langer Zeit ihren Partner oder seine Partnerin verliert, ist eine Tragödie.

Dahinter stehen mehrere Motive. Zum einen ist die Geschichte eine Warnung an alle, die mit dem Gedanken spielen, eine Ehe zu beenden. Zum anderen drückt sie Verständnis aus für den Schmerz eines Menschen, dem so etwas passiert.

Was meine Geschichte in dem Ganzen sein würde, ich hatte keine Ahnung. Aber der lebenslange Leidensweg, … da wollte ich lieber gleich tot sein. Die Liebe nur noch als einen trostlosen Schmerz zu empfinden, der nie wieder gestillt werden konnte …

Das Verständnis für meinen Schmerz war am Anfang ein Trost für mich, aber dann begann ich meine eigene Geschichte zu bauen: Ich schrieb ein Buch („Das gebrochene Herz – Mein Weg der Selbstheilung").

Es war das ungewöhnlichste Buch, das ich je geschrieben habe, denn ich hatte keinerlei Idee, was ich schreiben sollte. Alles, was ich hatte, war Bewusstsein und Schmerz und die Absicht, dem Schmerz nicht auszuweichen, sondern ihm mit der Wahrheit des geschriebenen Wortes zu begegnen.

Ich begab mich in den freien Fall … und wurde aufgefangen. Ich heilte mich von einem fast vollständigen Hörverlust und am Ende der 200 Seiten war ich ein neuer Mensch. Das Ganze dauerte 22 Tage und nicht 5 Jahre oder lebenslang.

Seither geht es mir gut.

Jetzt, ein Jahr später, geht es mir so gut wie nie zuvor. Ich schreibe ein Buch über die Liebe. Die Liebe, die mir das Leben gerettet hat. Das ist meine Geschichte.

Ich möchte dir noch eine andere Geschichte erzählen, in der es auch darum geht, dass die Heldin der Geschichte etwas anderes erlebt, als die Außenstehenden vermuten. Denn darum geht es, wenn du deine Geschichte veränderst:

Du lebst nicht länger in einer Geschichte, die andere erzählen, sondern du lebst in deiner eigenen Geschichte.

Anita war eine sonnige Natur. Wenn man ihr begegnete, war man umgehend glücklich, einfach, weil sie so fröhlich war und zugewandt. Sie liebte die Menschen, die Tiere, das Leben. Lange Zeit hatte sie diese und jene Liebschaft, aber keine länger dauernde Beziehung. Dann trat Ansgar in ihr Leben.

Niemand konnte so recht verstehen, warum ausgerechnet dieser Typ. Wenn man Ansgar begegnete, wurde man augenblicklich schwer wie ein Stein und es fehlten einem die Worte. Mit Ansgar warm zu werden, war schier unmöglich. Man kann sich vorstellen, dass Anitas Freundinnen und der weibliche Teil ihrer Verwandtschaft sich umgehend in fiebrige Beziehungsberaterinnen verwandelten. Sie hatten eine klare Botschaft: Finger weg, Anita. Der männliche

Teil der Verwandtschaft brummte auf Anfrage etwas Ähnliches in seinen Bart.

Anita heiratete Ansgar und alle Welt war sich einig, dass sie unglücklich werden würde und man auf die Scheidung warten konnte. Das war die offizielle Version der Geschichte.

Anita vertraute mir einmal an, dass es sie traurig machte: „Alle meinen, ich hätte einen Strahlemann heiraten sollen. Niemand versteht, wie glücklich ich mit Ansgar bin. Ich bin selbst ein so fröhlicher Mensch und es ist das Schönste für mich, diese Gabe zu verschenken. Und jemand wie Ansgar, der kann meine Fröhlichkeit wirklich brauchen. Das macht mich sehr glücklich!"

Ich konnte sehen, dass Anita das vollkommen ernst meinte und dies nicht nur die Beschönigung einer unerträglichen Situation war. Sie fuhr fort:

„Auch wenn Ansgars Schwermut mich manchmal herunterzieht, ich wachse daran und meine Liebe wird jeden Tag stärker."

Das war Anitas Geschichte. Wir alle können in uns eine Geschichte finden, in der die Liebe uns Kraft gibt, anstatt uns Kraft zu rauben.

Die Liebe ist immer eine Geschichte mit gutem Ende. Denn die Liebe möchte nur eines: Mehr Liebe.

Die Natur der Liebe ist, dass sie sich vermehren möchte.

Je näher ich der Liebe komme, desto mehr spüre ich ihre Kraft und das grenzenlose Wachstum, in das sie uns einlädt.

Jetzt zu deiner Geschichte:

Ich habe dich in der allerersten Aufgabe dieses Buches gebeten, deine Liebesgeschichte aufzuschreiben.

Bitte gehe zurück an den Anfang und sieh dir diese Geschichte an. Mit dieser Geschichte wollen wir arbeiten.

Die erste Frage: Ist es eine Geschichte mit einem guten Ende? (Du entscheidest.)

☐ JA   ☐ NEIN

Was ist das stärkste Motiv in deiner Geschichte? Mit Motiv ist gemeint: Was ist der stärkste Antrieb?

Zum Beispiel in meiner Geschichte ist der Antrieb: Ich möchte nicht bis an den Rest meines Lebens unglücklich sein. In Anitas Geschichte ist es folgendes: Ich möchte meine Lebensfreude gern an jemanden verschenken, der sie wirklich braucht.

Was ist dein stärkster Antrieb in deiner Geschichte?

♡

_____

_____

_____

_____

_____

Bist du mit deinem stärksten Antrieb gescheitert?

☐ JA   ☐ NEIN

Wenn du gescheitert bist, welche andere Möglichkeit gibt es für ein positives Ende deiner Liebesgeschichte?

Hier kommt jetzt die Kunst des Geschichtenerzählens ins Spiel. Auch wenn deine aktuelle Liebesgeschichte ein Happy End hat. Du wirst sicher früher oder später auf eine Liebesgeschichte treffen, die sich nicht gut anfühlt – vorübergehend – so lange, bis du die eigentliche Geschichte in dem Ganzen entdeckt hast.

Deswegen ist es Gold wert, die Kunst des Liebesgeschichtenerzählens zu kennen. In jeder noch so traurigen und ausweglosen Liebesgeschichte steckt eine positive Kraft.

Diese positive Kraft müssen wir finden und dann so sehr verstärken, dass sie die negative Kraft überstrahlt.

Zum Beispiel die Geschichte von Romeo und Julia, die sich aufgrund einer Intrige und eines Missverständnisses das Leben nahmen: eine Tragödie.

Aber die Kraft der Liebe, die darin zum Ausdruck kommt, ist so groß, dass sie Jahrhunderte später Menschen berührt und inspiriert.

Auch wenn deine Geschichte ein absolut tragisches Ende gefunden hat, ... betrogen, verlassen, unverstanden, beleidigt, gedemütigt ..., es steckt etwas darin, was Kraft hat!

Sonst wärst du nicht in dieser Geschichte gewesen. Deine Kraft hat dich in diese Geschichte hineingebracht.

Wir sind nicht nur toll und stark, wenn wir tolle Liebhaberinnen und Liebhaber haben oder sind, glücklich verheiratet sind, Karriere, Kinder und Erfolg haben und Reisen um die Welt machen.

Wir sind toll und stark in der Liebe, wenn wir Krisen und Verluste meistern, wenn wir den Prüfungen unseres Herzens nicht ausweichen.

Wir sind toll und stark, wenn wir dem Ruf unseres Herzens folgen, auch wenn dies große Opfer verlangt. Auch wenn es anfangs gar nicht gut aussieht.

Die Liebe gewinnt immer.

Und keine Geschichte, die im Außen einen bestimmten Anschein hat, oder die uns als Tragödie oder Verlust erscheint, kann stärker sein als die Kraft, die die Liebe hat, etwas zum guten Ende zu bringen.

Du hast die Macht, diese Geschichte zu finden und sie zu leben. Was du brauchst, ist ein vollkommen ungewöhnlicher und neuer Blick auf das, was passiert ist und was passiert. Dazu lade ich dich ein.

Wenn deine aktuelle Liebesgeschichte rundum glücklich ist, schau, ob es eine Geschichte in deiner Vergangenheit gibt, die dich noch beschäftigt und arbeite mit dieser Geschichte.

Oder schau, wie du deine aktuelle Liebesgeschichte in eine neue Kraft hineinwachsen lassen kannst.

Die nächste Fragen lauten:

»   Was war oder ist die größte Herausforderung an dieser Geschichte?
»   Was macht dir am meisten Angst?
»   Was ärgert dich am meisten an der Situation oder an deinem Partner / deiner Partnerin?
»   Wo verschließt sich dein Herz?

Ich weiß, es kann wehtun, dort hinzuschauen. Aber genau dort findest du die Lösung. Im Schmerz, in der Angst, in der Wut findest du die Kraft.

Ich weiß, ich habe das oft wiederholt in diesem Buch. Aber weil es ungewöhnlich ist für unser gewohntes Verhalten, muss man sich oft daran erinnern.

Der Schmerz, die Wut, die Angst, die Traurigkeit, alle intensiven Gefühle und inneren Anspannungen sind Verdichtungen von Kraft, die blockiert sind, weil etwas uns verbietet, sie anzusehen.

Jetzt schauen wir sie an. Wir befreien die Prinzessin aus dem Turm, wir lassen den Drachen aus der Höhle.

Wir sind tapfer. Wir treten uns selbst gegenüber. Wir sind bereit, uns zu verteidigen, wenn es sein muss.

Wir sind bereit, unser Herz zu schützen, wir haben den Mut, Entscheidungen zu treffen, die vielleicht wehtun, die aber zu unserem Besten sind.

Wir sind bereit, der Geschichte ein neues Ende zu verleihen, ein Ende, das uns stark macht, ein Ende, das uns das Tor zum Paradies aufschließt.

Bitte beantworte jetzt die Frage:

Was ist die größte Herausforderung in deiner eigenen Liebesgeschichte?

♡

_____

_____

_____

_____

_____

_____

Falls du noch keine klare Antwort gefunden hast, möchte ich dir hier ein paar Beispiele geben:

> » Mein Partner, meine Partnerin geht nicht auf mich ein, hört mir nicht zu.
> » Ich kann kein Interesse für die Hobbys meines Partners / meiner Partnerin aufbringen.
> » Die sexuelle Anziehung ist verloren gegangen.
> » Ich habe Angst, dass mein Partner, meine Partnerin mich verlässt, betrügt, belügt, etwas vor mir verbirgt.
> » Ich möchte eine engere Beziehung, aber mein Partner / meine Partnerin möchte es nicht.

Das sind nur ein paar Beispiele.

Es gibt unzählige Herausforderungen in der Liebe und deine Liebesgeschichte ist vielleicht nicht mit einem romantischen oder erotischen Partner, sondern mit einem Familienmitglied oder mit einem Pferd, Hund oder Katze.

Da ich Seminare in der Persönlichkeitsentwicklung mit Pferden gebe, weiß ich, wie tief und aufwühlend die Beziehung zu einem Pferd zum Beispiel sein kann.
    Frage dich einfach so lange, was deine größte Herausforderung ist, bis du das sichere Gefühl hast, sie gefunden zu haben. Oft hängen wir an oberflächlichen Problemen.

Die wirklichen Probleme und tieferen Gefühle sind von ihnen verdeckt. Die Wandlung kann aber erst eintreten, wenn wir das Problem an der Quelle gefunden haben. Du erkennst es daran, dass die Suche, das Grübeln, das Gedankenkreisen aufhören.

Du erkennst es daran, dass eine tiefe Ruhe einsetzt. Auch wenn du dir über etwas Schmerzhaftes bewusst wirst, empfindest du Ruhe, weil du auf eine Wahrheit gestoßen bist.

Die Wahrheit befreit dich.

Gehe jetzt noch einmal zurück zu deiner letzten Eintragung und überprüfe sie: Fühlt sich deine Antwort richtig an, fühlt sie sich wahr an? Vielleicht möchtest du noch etwas ändern:

♡ _____

_____

_____

_____

_____

Bitte fühle dich jetzt in deine größte Herausforderung hinein. Lasse jeden Widerstand gegen sie los.

Lade sie ein, wie einen guten Freund, eine gute Freundin. Begegne deinem Schmerz wie etwas, das gekommen ist, um dir zu helfen, um etwas für dich zu lösen.

Oder begegne deinem Schmerz wie eine gute Mutter, die für ihr Kind sorgt. Was auch immer am besten für dich funktioniert.

Lerne den Schmerz kennen und lieben

Es geht jetzt darum, deine Herausforderung, deine Angst, deinen Schmerz, deine Enttäuschung, deine Traurigkeit, deinen Zorn, deine Einsamkeit, deine Verzweiflung kennenzulernen. Sei neugierig.

Stell dir vor, du reist in ein unbekanntes Land, wo sich erst einmal alles fremd anfühlt. Stell dir vor, du lernst einen neuen spannenden Menschen kennen, der oder die jetzt plötzlich in deinem Leben ist. Du fühlst dich unsicher, aber du weißt auch, dass es wichtig ist. Dass diese Begegnung dich sehr bereichern wird.

Mache jetzt ein paar Notizen darüber, was du beobachtest und fühlst in dieser neuen Begegnung. Zum Beispiel: „Ich bin sehr neugierig", oder „es ist unwahrscheinlich aufregend", oder „ich bin verwirrt".

Es ist vollkommen in Ordnung, unangenehme, intensive oder auch unschöne Gefühle zu haben. Wie du schon gemerkt hast, gehört es dazu. Schreibe ohne innere Zensur. Es ist nur für dich bestimmt, für niemanden sonst.

Denke daran: Die Wahrheit befreit dich!

♡

_____

_____

_____

_____

_____

_____

Das Geheimnis der Geschichtenerzähler

Als Autorin zahlreicher Romane, als Schreibcoach und als Verlegerin erzähle ich dir jetzt das Geheimnis, aus dem eine gute Geschichte besteht.

Es ist dasselbe Geheimnis, dem ein Mensch auf dem Weg des persönlichen Wachstums begegnet: Eine Geschichte ist gut, wenn der Autor der Geschichte den Mut hat, seine Figuren, vor allem die Hauptfigur der Geschichte mit den dunkelsten und gefährlichsten Gefühlen zu konfrontieren und sie dann zu wandeln.

Das ist das Geheimnis der Spannung. Das ist der Grund, warum wir ins Kino gehen oder Romane lesen oder Serien schauen.

Wir wollen etwas begegnen, das uns Angst macht und wir wollen von der Angst befreit werden. Aus demselben Grund arbeitest du mit diesem Buch über die Liebe. Du möchtest deiner Angst rund um die Liebe begegnen und sie verwandeln.

Etwas in dir weiß, dass du hier Wachstum findest und neue Kraft. Auch wenn wir im Alltag stürmische Gefühle und unsichere Situationen vermeiden, suchen wir in Geschichten, in Träumen, in Abenteuern danach. Das alles ist Gefühlstraining, ist Training unserer Lebenskraft. Es nährt unsere Lebendigkeit.

Wenn du deinen inneren Herausforderer besser kennenlernst, lernst du auch deine Abwehrmanöver besser kennen. Du merkst, wie du versuchst, auszuweichen, wie du dich in schöne Träume flüchtest, wie du Versionen erfindest, in denen du die strahlende Heldin, der strahlende Held bist oder einfach gut wegkommst.

Vielleicht findest du auch Versionen, wo du freiwillig alle Schuld auf dich nimmst, um der oder die Gute in der Geschichte zu sein. Es fühlt sich aber nicht wirklich befriedigend an, du hast das Gefühl, du drehst dich auf der Stelle und dein Problem ist nicht wirklich gelöst. Was verbirgt dein inneres Gegenüber noch vor dir, welche dunkle Wahrheit möchtest du nicht sehen?

Schreibe frei von der Leber weg:

♡ _____

_____

_____

_____

Wenn du die tiefste Angst, den tiefsten Schmerz gefunden hast, wirst du vielleicht bemerken, dass etwas in dir aktiviert wird. Eine Kraft, die dir sagt:

Das bin nicht ich. Ich bin nicht die Angst, der Schmerz, die Verzweiflung. Ich bin etwas anderes.

Wenn du die Angst nicht länger abwehrst, sondern ihr ins Gesicht schaust, erkennst du sie als das, was sie ist: Eine Schicht deiner Persönlichkeit, die sich zwar aus einem guten Grund so herausgebildet hat, die aber nicht länger zu dir gehört.

Du entdeckst etwas in dir, was stärker ist: die Liebe.

Das *Ich*, das du jetzt entdeckst, ist dein *Ich*, das liebt. Bitte schreibe auf, was du findest. Vielleicht ist es nur eine kleine Pflanze, vielleicht taucht eine starke Kraft in dir auf. Schreibe einfach auf, was dir einfällt.

♡

_____

_____

_____

_____

Wenn du nichts findest, kein gutes Gefühl, nichts, was dir Kraft gibt, nimm ein Extrablatt und schreibe deine dunklen Gefühle auf. Schreibe auf, warum es nicht geht, schreib so lange, bis du etwas Positives entdeckst, einen Funken von Glück, von Freude oder von Erkenntnis.

Beobachte, was sich gut anfühlt, beobachte, wann dein Atem ruhiger wird, wann sich dein Körper entspannt, wann ein Gefühl entsteht, bei dir zu Hause zu sein.

Schau dir deine einzelnen Gedanken und Argumente an und frage dich, ob sie wirklich stimmen oder ob vielleicht das Gegenteil wahr ist.

Diese Übung hält einige Überraschungen bereit!

Schreibe drei Gedanken auf, die sich für dich gut anfühlen.

♡
_____

_____

_____

_____

Stell dir vor, dass die Arbeit, die du hier machst, wie eine Schatzsuche ist. Der Schatz ist da, so viel ist sicher.

Manchmal ist er nur unter sehr vielen Schichten begraben. Manchmal braucht es eine Weile. Allein deine Entscheidung, nach dem Schatz zu suchen, bringt dich auf den richtigen Weg.

Bitte gehe jetzt zurück zu deiner Liebesgeschichte. Schau dir deinen stärksten Antrieb an und deine größte Herausforderung. Und schau, ob du ein neues Ende findest.

Ein Geschichtenerzähler findet das Happy End einer Geschichte nicht, indem er sich etwas Schönes ausdenkt, er findet es, in dem er seinen Helden mit seiner tiefsten Angst konfrontiert und wartet, was dann passiert. Es ist immer etwas Überraschendes.

Es muss etwas Überraschendes sein, eine Lösung, die der Held zuvor noch nicht gekannt hat. Und sie hat immer mit einer Kraft zu tun, die er zuvor noch nicht hatte. Man kann ein Problem nicht auf derselben Ebene lösen, auf der es entstanden ist und den Schlüssel zu der neuen Ebene findet man, indem man dem Drachen ins Gesicht sieht.

Man findet ihn in einer Wandlung.

Wie geht deine neue Geschichte? Bitte erzähle sie in wenigen Stichworten. Eine Geschichte mit Happy End!

In den Fallbeispielen in diesem Buch findest du viele Liebesgeschichten mit Happy End. Jetzt da du die Macht der Geschichten kennst, kannst du anfangen, sie im Alltag zu beobachten.

Geschichten, die deine Freunde dir erzählen, Geschichten, die du deinen Freunden erzählst über dich. Sind es Geschichten mit einem guten Ende oder fehlt ihnen das Ende noch?

Ich bin eine notorische Geschichtenerzählerin. Wenn mir jemand eine Geschichte aus seinem Leben erzählt, die nicht gut ausgeht, erfinde ich automatisch ein gutes Ende. Ich weiß, dass Menschen ihr Glück finden, wenn sie das gute Ende ihrer Geschichte gefunden haben.

Und da die meisten Geschichten Liebesgeschichten sind, geht es immer um ein Happy End in der Liebe.

Die Liebe gewinnt Kraft, indem man Geschichten über sie erzählt. Das ist etwas ganz Wunderbares.

Hier ist meine Liebesgeschichte:

Vor einem Jahr verlor ich die große Liebe meines Lebens. Der Schmerz war so groß, dass ich nicht wusste, wie ich weiterleben sollte. Ich hatte alle Lebensfreude verloren, ich hatte mein Gehör verloren und wusste nicht mehr, wie ich meine Arbeit weiterführen sollte. Als ich ganz tief in den Schmerz eintauchte, erwachte eine Kriegerin in mir zum Leben.

Sie war sehr radikal, sie packte das verzweifelte kleine Mädchen in mir und schnitt mir das Herz heraus. Ich war noch verzweifelter als zuvor. Ich schrie sie an: „Wie soll ich weiterleben ohne mein Herz?"

Sie antwortete: „Wenn ich dir das Herz nicht herausgeschnitten hätte, wärst du krepiert." Ja, dieses Wort gebrauchte sie. Sie trieb mich gnadenlos voran, sie sorgte dafür, dass ich an einen Ort kam, wo es gute Menschen gab, Menschen, in deren Augen ich die Liebe sehen konnte. Menschen, die mich in ihre Gemeinschaft aufnahmen. Menschen, die mir sagten, dass alles gut werden würde.

Meine Angst, dass mein Herz für immer gebrochen sein würde, wandelte sich. Ich lernte, dass mein Herz immer noch lieben kann, dass es sogar noch mehr lieben kann als zuvor. Ich lernte, dass ich geliebt werde, auch wenn ich ganz schwach bin. Ich lernte, dass die Liebe eine Kraft ist, die alles überstrahlt, die alles überwinden kann.

Die da war, auch als ich allen Glauben an sie verloren hatte. Die mich auffängt, auch wenn ich ganz tief falle. Die Liebe hat mir gezeigt, wie viele wunderbare Menschen es gibt, sie hat mir gezeigt, wie viel Liebe es um mich herum gibt, wenn ich nur anfange, es zu sehen.

Die Liebe hat mich inspiriert, ein Buch über die Liebe zu schreiben, damit du auch diese Kraft der Liebe erleben kannst und dein Leben in Liebe leben, mit allen Herausforderungen, die das mit sich bringt.

ABSCHIED

Jede Reise hat ein Ende und an diesem Ende bist du jetzt angekommen. Natürlich geht die Reise ins Herz der Liebe immer weiter, mit jedem Atemzug. Und du wirst sie weitergehen, denn sie ist die Kraft, die dich bewegt. Sie ist die Kraft, die alles verwandelt.

Ich danke dir, dass du diesen Weg mit mir gegangen bist, den Weg der Liebe. Es ist meine größte Leidenschaft, es ist mein Weg, es ist die Kraft, die mich nährt und jeden Tag wachsen lässt, die Liebe in die Welt zu bringen, zusammen mit anderen.

Sehr viele Menschen durfte ich schon einladen in die Liebe. Ich durfte Menschen ausbilden als Lehrerinnen und Lehrer der Liebe und ich durfte unglaublich tollen Lehrerinnen und Lehrern der Liebe begegnen. Ich durfte großen Herausforderungen begegnen und freue mich auf noch größere.

Ich bin erst am Anfang. Wie sind erst am Anfang und so viel mehr ist möglich.

Wunderschöne Menschen

Vor allem durfte ich auf meinem Weg der Liebe wunderschönen Menschen begegnen. Die Liebe macht die Menschen schön. Und die Schönheit, die ich finde, wenn die Liebe mich durch ihre Augen sehen lässt, ist unbeschreiblich und stets überraschend. Das ist wohl das Wichtigste, das ich über die Liebe gelernt habe: Es ist immer noch mehr Liebe möglich.

Das wünsche ich uns allen: Dass wir immer mehr Liebe finden, immer mehr Mut, unserer Angst zu begegnen, immer mehr Mut, unser Herz offen zu halten.

Diesen Weg bist du gegangen mit dem Buch. Gehe ihn weiter.

Die Liebe möge deine erste und wichtigste Lehrerin sein.

Ulrike

DANKSAGUNG

Mein erster Dank, der vielleicht etwas abstrakt erscheinen mag, geht an die Liebe selbst. Ich durfte die Liebe kennenlernen als eine Kraft, die auf wundersame Weise wirksam ist in meinem Leben. Als ein Gegenüber, das mich unterrichtet auf eine präzise Weise, Schritt für Schritt. Oft dauerte es eine Weile, bis ich die Botschaft verstand und in der Zwischenzeit durfte ich meine Ängste, meine Widerstände, meine Zweifel kennenlernen. Bis der Augenblick kam, wo sie von einem großen Aha weggespült wurden und ich voller Staunen sagen musste, sie ist größer als ich, die Liebe und unendlich weise. Es gibt nichts Schöneres als der Liebe zu begegnen und ihre Schülerin zu sein.

Ich danke meinen Kindern, Lea und Joel, die mir eine Liebe von so großer Reinheit entgegenbringen, dass mein Herz sofort aufgeht, wenn ich daran denke. Ich kann nie wieder im Leben ernsthaft unglücklich sein, allein weil es euch gibt.

Ich danke meiner Familie, meiner Mama, die immer für mich da ist und mit mir mitfühlt, bei der ich immer ein Zuhause finden kann. Ich danke meinen Geschwistern Christof und Daniela und ihren Familien, von denen ich geliebt werde, genauso wie ich bin und meinem Onkel Herbie.

Ich danke meinem lebenslangen Gefährten Martin, durch den ich ein Leben voller Liebe und Geborgenheit erfahren durfte, auch wenn unsere Wege jetzt in verschiedene Richtungen gehen.

Ich danke meinen langjährigen Freundinnen Eva Reifler, Heike Gässler, Natalie Frey und Elke Wedig, mit denen ich über alles reden kann. Die mir das Gefühl geben, in allen meinen Verrücktheiten und Schönheiten einfach okay zu sein, und die mir ihre Verrücktheiten und Schönheiten offenbaren, was immer ein Geschenk ist.

Ich danke Joe, der zu einer Zeit in mein Leben kam, als ich am wenigsten damit gerechnet habe. Er kam als ein Geschenk der Liebe und was er sagte, tat und die Gefühle, die er in mir weckte, machten mich oft sprachlos. Danke, Joe, für deine Wahrhaftigkeit.

Ich danke Victoria Galan Perez und Alexandra Cogo, meinen Mitbewohnerinnen aus der Power-WG, die das Schreiben hautnah miterlebt haben und bei denen ich ein echtes Zuhause hatte.

Ich danke meiner Stute Tinnia, die mich seit mehr als 10 Jahren durch mein Leben begleitet. Ich habe gelernt, sie sprechen zu hören, und ihre Weisheit trifft immer mitten ins Herz. Die Beziehung zu ihr ist so schön, weil wir schon so viel gemeinsam Erlebtes auf dem Buckel haben und ein Vertrauen, das sich wie die Jahresringe eines Baumes um uns legt und uns stark macht. Sie ist meine Lehrerin der Liebe.

Ich danke allen Teilnehmerinnen und Teilnehmern meiner Workshops mit den Pferden und meiner Seminare der Pegasus Schreibschule, meinen Coaching-Klientinnen und -Klienten, mit denen ich immer neue, überraschende Erfahrungen machen kann.
Jede und jeder Einzelne ist einzigartig und unendlich bereichernd. Ihre Geschichten und ihre Wahrheiten machen einen großen Teil dessen aus, was ich über die Liebe lernen darf.

Ich danke den Trainerinnen und Trainern, die meine Arbeit gelernt haben und auf ihre Weise weitergeben. Es ist eine Arbeit der Liebe und viel Gutes kommt dadurch in die Welt.

Ich danke allen Pferden, die auf meinen Workshops stets neue Wunder vollbringen und mich und alle Beteiligten unermüdlich daran erinnern, dass die Liebe die stärkste Kraft ist.

Ich danke John und Joy, einem zauberhaften Liebespaar. Ihr seid ein Vorbild für mich. In eurer Gegenwart kann man nur glücklich sein.

Ich danke Gabi Schmid, der Mitarbeiterin von spiritbooks, die meine Bücher mit Liebe und Sorgfalt in die Welt bringt und mir die lustigsten E-Mails schreibt.

Ein großer Dank geht auch an die Karibikinsel Jamaica, denn hier fand ich die Inspiration, die Stille und vor allem die unglaubliche Kraft und den Spirit der Natur, die mir dieses Buch eingeflüstert haben. Es waren die Bäume, die Früchte und Blüten, das Meer, die Vögel, die Musik der Insekten, das Licht, der sanfte Wind, das Meer, die wunderschönen Menschen, die Leichtigkeit, die Sanftmut und die Tiefe, die ich hier fand. Sie haben die Dunkelheit meines Schmerzes in Licht verwandelt.

Zuletzt danke ich all den Spirits, die mich begleiten und mir ihre Weisheit immer zur richtigen Zeit vor die Füße legen. Ihr seid phänomenal.

Das hier hat mir ein Baum auf Jamaica gesagt:

„Alles war gut, alles ist gut, alles wird gut sein."

So be it.

Ulrike Dietmann
April 2016

DIE AUTORIN

Ulrike Dietmann studierte Philosophie an der Freien Universität Berlin und „Szenisches Schreiben" an der Universität der Künste Berlin. Sie veröffentlichte zahlreiche Theaterstücke, Hörspiele, Romane, Sachbücher und Übersetzungen, die mit Literaturpreisen ausgezeichnet wurden. In ihrer Pegasus Schreibschule unterrichtet sie kreatives Schreiben und spirituelles Schreiben. Sie leitet den Verlag spiritbooks für authentische Bücher mit Spirit.

Neben dem Schreiben sind Pferde ihre Leidenschaft. Sie unterrichtet den spirituellen Weg mit Pferden deutschlandweit und international und bildet Trainer aus in der „Hero's Journey mit Pferden". Als Spirit Coach ist sie für zahlreiche Menschen Wegbegleiterin und Mentorin.

Besuchen Sie ihre Webseiten:
www.ulrikedietmann.de
www.spirithorse.info
www.pegasus-schreibschule.de
www.spiritbooks.de

www.spiritbooks.de

Bücher, die authentisch sind
und Spirit haben.

*Die Bücher des Verlags erhalten Sie in allen Buchhandlungen
und bei zahlreichen Online-Anbietern wie amazon.de. Sie können
die Bücher auch beim Verlag direkt bestellen: **www.spiritbooks.de***

*Wenn Sie direkt beim Verlag bestellen,
unterstützen Sie den Verlag und die Autoren.*

Die Vision des Verlags

Vertrauen in das Gespür von Leserinnen und Lesern

Bedingungslos authentische Bücher

*Autorinnen und Autoren als Persönlichkeiten,
die etwas Unverwechselbares zu erzählen haben.*